駿台受験シリーズ

古典文法 10題ドリル

古文基礎編

菅野三恵　著

駿台文庫

はじめに

本書は古典を初めて学ぶみなさんのために作成した、基礎トレーニングのための演習書です。

地図を持たずに見知らぬ場所を歩いても迷子になってしまうでしょう。古文の世界も、迷わず歩けるようになるには、単語とともに〈古典文法〉という道しるべが必要となります。この基礎固めの学習をおろそかにしたままでやみくもに総合問題集ばかり解いても、古文の実力は付きません。基礎力がないと、

問題文の内容がよくわからない

↓

わからないからカンで解いてしまう

↓

解説を読んでももちろんちんぷんかんぷん

↓

古文はおもしろくない！

となって、古文という科目が苦手になってしまうのです。残念ながら、そんな人をいままでたくさん見てきました。

文法の学習はとかく無味乾燥なものになりがちですが、本書は各課で10題という無理のない分量にしてあります。ほんの10分あれば解ける量です。そして、ドリルばかりで飽きのこないよう、大学入試でもよく出題される古文の名作を取り上げ、各課で学習した内容を確認できるように工夫しました。

本書をマスターしたあとには、

基礎力がしっかり身に付く

↓

はじめての古文でもすらすら読める

↓

問題が解けて、得点できる

↓

古文が得意科目になる！

となっているはずです。そして将来、みなさんが苦手意識を持たずに古文を読みこなし、さらには「目指す大学に合格！」できたならば、筆者にとってこんなにうれしいことはありません。〈古典文法〉という力強い道しるべを味方に付けて、古文の世界を自由自在に探検してください。

筆者

本書の構成と使い方

◆「用言」「助動詞」「助詞」「敬語」「識別」の5章に分かれています。

◆基礎事項の確認！

各章のはじめに、古典文法の「基礎」をまとめています。ここで基礎事項の確認をしましょう。

◆「10題ドリル」にチャレンジ！

a　説明を参考にしながら前から順に解いていく
b　その日に習った分野を解いて確認する
c　模擬試験で間違った分野や気になる事項をやり直す

など、自分に合ったやり方で進めましょう。

解答欄が付いていますので、直接書き込むことができます。また、ノートを用意して何度も繰り返し学習すれば、効果は倍増です。

◆別冊の「解答・解説」冊子で答え合わせ！

すべての問題を「解答・解説」冊子に再掲載していますので、問題と照らし合わせて答えや現代語訳の確認ができます。
・間違えた部分を重点的に見直す。解説を読んで、なぜそうなるかを理解することが大切。
・古文と対照させながら現代語訳を読み、どうしてその現代語訳になるのかを考える。
全問正解するまで何度も繰り返しましょう。反復して完全に自分のものにするのがねらいです。

◆「名作に親しむ」問題にチャレンジ！

大学入試でもよく出題される**古文の名作を13題**取り上げて、それまで学習した文法事項の確認ができるようにしてあります。
・「10題ドリル」と同様、全部答えられるようになるまで繰り返す。
・古文と対照させながら、現代語訳もよく読む。
「名作に親しむ」の文章は何度も音読してみましょう。
古文のリズムに乗れるようになれば、初めての古文もずっと読みやすくなります。
音読しながら、その場景が頭に浮かぶようになれば完璧です！

目次

第3章　助詞

第4章　敬語

第5章　識別

動詞の基礎

◎まずこれだけ覚えよう

〔変格活用〕 カ変 …来《く》

サ変 …す・おはす

ナ変 …死ぬ・いぬ（去《い》ぬ・往《い》ぬ）

ラ変 …あり・をり・侍《はべ》り・いまそがり

〔正格活用〕 上一段 …着る・にる（似る・煮《に》る）

干《ひ》る・見る・こころみる・かへりみる

いる（ヤ行 射《い》る・鋳《い》る）

ゐる（ワ行 居《ゐ》る・率《ゐ》る）

下一段 …蹴《け》る

◎残りは見分けよう

〔正格活用〕 四段 …ア音＋ズ・ナイ（例 行か・ず）

上二段 …イ音＋ズ・ナイ（例 起《お》き・ず）

下二段 …エ音＋ズ・ナイ（例 助《たす》け・ず）

「ズ・ナイ」を付けて見分けるときに、「書く」→「書けず」とやってはダメ
「〜デキナイ」という不可能の形を作らないように注意！

	語幹	未然形	連用形	終止形	連体形	已然形	命令形
カ変	×	こ	き	く	くる	くれ	こ・こよ
サ変	×	せ	し	す	する	すれ	せよ
ナ変	死	な	に	ぬ	ぬる	ぬれ	ね
ラ変	あ	ら	り	り	る	れ	れ
上一段		i	i	iる	iる	iれ	iよ
下一段		e	e	eる	eる	eれ	eよ
四段		a	i	u	u	e	e
上二段		i	i	u	uる	uれ	iよ
下二段		e	e	u	uる	uれ	eよ

右の原則に当てはまらないものは、出てくるたびに覚えていこう。

〔例〕「飽《あ》く」・「借《か》る」など…四段活用／「恨《うら》む」・「恋《こ》ふ」など…上二段活用／「頼《たの》む」「慰《なぐさ》む」など…四段活用と下二段活用（意味が違う）

接続の基礎

助詞や助動詞は、何形に接続するか（＝上に何形がくるか）決まっているものが多い。この表で繰り返し確かめよう。

	主な助動詞	主な助詞
未然形接続	る・らる・す・さす・しむ・ず・む・むず・じ・まし・まほし・り〔上がサ変〕	ば（※1）・で・なむ（終助詞）・ばや
連用形接続	き（※2）・けり・つ・ぬ・たり（完了）・けむ・たし	て・つつ・ながら・てしがな・にしがな
終止形接続（※3）	べし・まじ・らむ・らし・めり・なり（伝聞・推定）	とも（※4）
連体形接続	なり（断定）・ごとし	格助詞・が・に・を
已《い》然形接続	り〔上が四段　※5〕	ば（※6）・ども

※1…仮定条件
※2…カ変・サ変には未然形に付く場合もある
※3…終止形接続の助動詞は、上がラ変型活用語の場合は連体形に接続する
※4…形容詞型には連用形、動詞・形容動詞型には終止形接続
※5…命令形説もある
※6…確定条件

◎覚えよう
連用形＋用言（動詞・形容詞・形容動詞）
連体形＋体言（名詞・代名詞）

〔例〕久しく（連用形）とどまりたる（用言）例なし。

〔例〕ゆく（連体形）河（体言）の流れは絶えずして、

動詞1 四段活用

▽活用表の空欄を埋めなさい。

	語幹	未然	連用	終止	連体	已然	命令	活用の行と種類
行く								行　活用
酔《ゑ》ふ								行　活用

▼傍線部の動詞の終止形と、活用の行、文中での活用形を答えなさい。

1 人の呼べば、局《つぼね》におりて、
2 女は、さらに聞かず。
3 見渡せば、
4 船に乗るべき所へわたる。
5 必ず逢はむと言へりけり。
6 今宵《こよひ》みな急ぎてとりはらひつつ、
7 やすらかに読みたるこそ、
8 人みな、舟のとまるところに、
9 大臣《おとど》たちもしばし待て。
10 いよいよ飽《あ》かずあはれなるものに思ほして、

	終止形	活用の行	活用形
1		行	形
2		行	形
3		行	形
4		行	形
5		行	形
6		行	形
7		行	形
8		行	形
9		行	形
10		行	形

動詞2　上一・上二

▽活用表の空欄を埋めなさい。

	語幹	未然	連用	終止	連体	已然	命令	活用の行と種類
着る	×							行　活用
起く								行　活用

▼傍線部の動詞の終止形と、活用の行と種類、文中での活用形を答えなさい。

1　恩《おん》に報ゆるは、人の務めなり。
2　みさごは荒磯《あらいそ》に居る。　（みさご…鳥の名）
3　栗栖《くるす》野《の》といふ所を過ぐれば、
4　「念じて射む」とすれども、
5　霜《しも》の上に落ちたる月の影《かげ》の寒けさ。
6　ほろびたる家。
7　着てありくも、
8　故尼君《あまぎみ》のにぞ似たりける。
9　是《ぜ》なる時は喜び、非《ひ》なる時は恨《うら》みず。
10　魚《いを》と鳥《とり》とのありさまを見よ。

	終止形	活用の行と種類	活用形
1		行　活用	形
2		行　活用	形
3		行　活用	形
4		行　活用	形
5		行　活用	形
6		行　活用	形
7		行　活用	形
8		行　活用	形
9		行　活用	形
10		行　活用	形

動詞3　下一・下二

▽活用表の空欄を埋めなさい。

	語幹	未然	連用	終止	連体	已然	命令	活用の行と種類
蹴《け》る	×							行　活用
助く								行　活用

▼傍線部の動詞の終止形と、活用の行と種類、文中での活用形を答えなさい。

1　雪にも越《こ》ゆる心地《ここち》ぞする。

2　かの大岩、蹴《け》れども動かず。

3　千代《ちよ》へたる松にはあれど、

4　萌《も》え出《い》づる春に、

5　山も海もみな暮れ、夜《よ》ふけて、

6　「かく思ふなりけり」と心得たまふ。

7　あらむかぎりの力にて蹴《け》よ。

8　「この殿《との》かく詣《まう》で給《たま》ふべし」と告げければ、

9　右近《うこん》を引き寄せ給《たま》ひて、

10　夜《よ》ごとに人を据《す》ゑて守らせければ、

	終止形	活用の行と種類	活用形
1		行　活用	形
2		行　活用	形
3		行　活用	形
4		行　活用	形
5		行　活用	形
6		行　活用	形
7		行　活用	形
8		行　活用	形
9		行　活用	形
10		行　活用	形

動詞4　変格活用

▽活用表の空欄を埋めなさい。

	語幹	未然	連用	終止	連体	已然	命令	活用の行と種類
来《く》	×							行　活用
す	×							行　活用
死ぬ								行　活用
をり								行　活用

▼傍線部の動詞の終止形と、活用の行と種類、文中での活用形を答えなさい。

1　雲の上までいぬべくは、
2　いなむとしければ、
3　今あるものを見るに、
4　三年《みとせ》来ず。
5　死にければ、
6　ありつる扇《あふぎ》御覧《ごらん》ずれば、
7　光源氏《ひかるげんじ》ばかりの人はこの世におはしけりやは。
8　「兄《せうと》、こち来。これ聞け」とのたまひしかば、
9　今までとまり侍《はべ》るが、いと憂《う》きを、
10　かの大臣《おとど》に具《ぐ》し給《たま》ひにければ、

	終止形	活用の行と種類	活用形
1		行　活用	形
2		行　活用	形
3		行　活用	形
4		行　活用	形
5		行　活用	形
6		行　活用	形
7		行　活用	形
8		行　活用	形
9		行　活用	形
10		行　活用	形

名作に親しむ❶ 『伊勢物語《いせものがたり》』 東下《あずまくだ》り

昔、男ありけり。その男、身を要《えう》なきものに思ひなして、『京にはあらじ[1]。東《あづま》の方《かた》に住む[2]べき国求めに』とて行きけり。もとより友とする[3]人、一人二人して行きけり。道知れ[4]る人もなくて、惑《まど》ひ行きけり。三河《みかは》の国、八橋《やつはし》といふ所に至《いた》りぬ。そこを八橋といひけるは、水ゆく河の蜘手《くもで》なれば、橋を八つ渡《わた》せるによりてなむ、八橋とはいひける。その沢《さは》のほとりの木の陰《かげ》におりゐ[5]て、乾飯《かれいひ》食ひけり。その沢にかきつばたいとおもしろく咲き[6]たり。それを見[7]て、ある人のいはく、「かきつばたといふ五文字《いつもじ》を句の上《かみ》に据《す》ゑ[8]て、旅の心を詠《よ》め[9]」と言ひければ詠める。

　から衣《ころも》きつつなれにしつましあれ[10]ばはるばるきぬるたびをしぞ思ふ

と詠めりければ、皆人《みなひと》、乾飯《かれいひ》の上に涙落としてほとびにけり。

問　傍線部1〜10の動詞の、活用の行と種類、文中での活用形を答えなさい。

	活用の行と種類	活用形
1	行　活用	形
2	行　活用	形
3	行　活用	形
4	行　活用	形
5	行　活用	形
6	行　活用	形
7	行　活用	形
8	行　活用	形
9	行　活用	形
10	行　活用	形

☆

『伊勢物語』は、平安時代前期に成立した歌物語です。

主人公の名前ははっきりとは出てきませんが、在原業平《ありわらのなりひら》と思われる風流な男性で、彼の初冠《ういこうぶり》（成人式）から死までの、一二五段からなる一代記の形をとっています。

在原業平《ありわらのなりひら》は当時の美意識である「みやび」を代表する風流人で、千年近く後の江戸時代の文学作品にも「みやび」のお手本として登場します。

東下りの場面に出てくる「から衣《ころも》」の和歌は、

「**か**ら衣**き**つつなれにし**つ**ましあれば**は**るばるきぬる**た**びをしぞ思ふ」

と、それぞれ「五・七・五・七・七」の始めの一文字を取ると「かきつばた」という植物の名前になるようになっており、このような和歌修辞を折句《おりく》と言います。このままでは「かきつはた」で変だと思う人もいるでしょうが、当時は濁音の「゛」を書かない習慣なので、これで大丈夫です。

音《おん》便《びん》の基礎

音便《おんびん》とは、発音上の便宜により、語中・語尾の音が他の音に変化すること。

〔種類〕

イ音便　〔例〕「書きて」→「書いて」

ウ音便　〔例〕「戦ひて」→「戦うて」

促《そく》音便　〔例〕「取りて」→「取って」

撥《はつ》音便　〔例〕「望みて」→「望んで」

理屈で考えるよりも、「もとの音はこうだな」とわかればＯＫ

〔解説〕　文に書いては、言ふべきにもあらず。

右の傍線部「書い」が、動詞「書く」が変化したものであることは気付くだろう。

動詞「書く」は四段活用だから

書か	書き	書く	書く	書け	書け

活用表はこうである。しかし、「書い」という形は活用表の中にない。

本来なら、接続助詞「て」の上は、連用形「書き」になるはずである。

つまり、本来の連用形「書き」の形が、ここでは「書い」に変化したのだとわかる。

これを文法用語では、『「書い」は「書き」のイ音便である』と言う。

※ここでは、最も基本的な、動詞の連用形の音便の例を説明したが、他にも音便になる形がある。

「音が本来の形から変化する」という原則は同じであるから、学習している時に出てくれば、そのたびに覚えていけばよい。

↓解答・解説編Ｐ９　その他の音便

▼次の傍線部は音便である。例にならって、
①　音便の種類を答えなさい。
②　音便になる前の、もとの形を答えなさい。

〔例〕汗《あせ》かいて、→〔答〕①イ音便　②かき

1　その後三四日あつて、
2　舞《ま》うて入りぬ。
3　鞘《さや》なる刀抜《ぬ》いて設《まう》けつつ、
4　兵の先に進んで、
5　走りまわつて掟《おき》てければ、
6　「夕殿《せきでん》に螢《ほたる》飛んで」と、
7　権《ごん》太《た》栗毛《くりげ》と云《い》ふ聞《きこ》ゆる名馬にぞ乗つたりける。
8　あさましと宮は思《おぼ》いて、
9　今、この山を囲んで、
10　木《き》曽《そ》、おおきに喜うで、

	①音便の種類	②もとの形
1	音便	
2	音便	
3	音便	
4	音便	
5	音便	
6	音便	
7	音便	
8	音便	
9	音便	
10	音便	

名作に親しむ❷ 『平家物語《へいけものがたり》』 那須《なす》の与一《よいち》

与一《よいち》目を[1]ふさいで、『南無八幡大菩薩《なむはちまんだいぼさつ》、わが国の神明《しんめい》、日光権現《にっくわうのごんげん》、宇都宮《うつのみや》、那須《なす》の湯泉《ゆぜん》大明神、願《ねが》はくはあの扇《あふぎ》のまん中射させて賜《た》ばせたまへ。これを射損《いそん》ずるものならば、弓《ゆみ》切り折り自害《じがい》して、人に再び面《おもて》を向かふべからず。いま一度本国へ迎《むか》へんとおぼし召《め》さば、この矢《や》はづさせたまふな』と心の内に祈念《きねん》して、目を[2]見開いたれば、風も少し吹き弱り、扇《あふぎ》も射よげにぞ[3]なつたりける。与一鏑《かぶら》を[4]取つてつがひ、よつぴいてひやうど放《はな》つ。小兵《こひやう》といふぢやう、十二束三伏《じゆうにそくみつぶせ》、弓は強し、浦響《うらひび》くほど長鳴《ながな》りして、あやまたず扇の要《かなめ》ぎは一寸《いっすん》ばかりおいて、ひいふつとぞ[5]射切つたる。鏑は海へ入《い》りければ、扇は空へぞ上《あが》りける。しばしは虚空《こくう》にひらめきけるが、春風《はるかぜ》に一《ひと》もみ二《ふた》もみもまれて、海へさつとぞ[6]散つたりける。夕日《せきじつ》の[7]輝いたるに、皆紅《みなぐれなゐ》の扇の日出《い》だしたるが、白波《しらなみ》の上に漂《ただよ》ひ、浮《う》きぬ沈《しづ》みぬ揺《ゆ》られければ、沖《おき》には平家《へいけ》、船《ふな》ばたを[8]たたいて感じたり。陸《くが》には源氏《げんじ》、箙《えびら》をたたいてどよめきけり。

問　傍線部1～8は音便である。例にならって、

①　音便の種類を答えなさい。

②　音便になる前の、もとの形を答えなさい。

〔例〕負《お》うて　　①ウ音便　　②負ひ

	①音便の種類	②もとの形
1	音便	
2	音便	
3	音便	
4	音便	
5	音便	
6	音便	
7	音便	
8	音便	

☆『平家物語』は、鎌倉時代初期に成立した軍記物語です。源平争乱の時代に生きる人々の姿を、平家一門が没落していく様子を中心に描かれています。琵琶《びわ》法師によって、節を付けて語られる場合には特に「平曲《へいきょく》」と言います。冒頭の「祇園精舎《ぎをんしやうじゃ》の鐘《かね》の声《こゑ》、諸行《しょぎやう》無常《むじやう》の響《ひび》きあり」は特に有名な一節です。

この問題の本文は、源氏方の兵士である那須の与一が、困難な状況で見事に的を射抜いて見せる場面で、その後の日本画や芝居の名場面としてもたびたび登場します。そしてこの場面を生き生きとさせているのが「ひやうど」「ひいふつ」といった擬音語と、設問にもなっている音便です。「見開いたれば」「散ったりける」といった音便は文に躍動感を与え、臨場感をもたらします。声に出して読むとそのリズムの良さが一層ひきたちますから、音読してみましょう。

形容詞・形容動詞の基礎

形容詞

活用の種類　…「〜て」の形（連用形）を作って見分ける。

・寒くて　→　**ク活用**

・うれしくて　→　**シク活用**

活用表　（ク活用）

寒	○	く	し	き	けれ	○	← **本活用**
	から	かり	○	かる	○	かれ	← **補助活用**（カリ活用）

（シク活用）

うれ	○	しく	し	しき	しけれ	○
	しから	しかり	○	しかる	○	しかれ

補助活用は、**直後に助動詞がくるときに使う**のが原則。（命令形以外）

左右の行の使い方のルールは「べし」「まじ」などの助動詞にも当てはまるので、しっかりと理解しよう。

補助活用は、ラ変型に活用する。（「ら・り・り・る・れ・れ」の音変化）

連用形（本活用）　動詞

いと をかしく 見えしなり。

連用形（補助活用）　助動詞

うへの御《み》局《つぼね》へ参りしほど、をかしかり き。

形容動詞

活用の種類

・「〜なり」→ **ナリ活用**
・「〜たり」→ **タリ活用**（タリ活用の用例は少ない）

活用表（ナリ活用）

まめ	○	に	○	○	○	○
	なら	なり	なり	なる	なれ	なれ

（タリ活用）

堂々	○	と	○	○	○	○
	たら	たり	たり	たる	たれ	たれ

形容動詞の場合は、「本活用」「補助活用」とは呼ばないが、連用形だけは二つあるので、形容詞のときと同様に左右の行を使い分ける。左行の連用形「〜なり」は、直後に助動詞がくるときに使う。右行の連用形「〜に」は、直後にその他の品詞がくるときに使う。

連用形（右行）　形容詞
いと あはれに 心細しと思へり。

連用形（左行）　助動詞
げに、あはれなり ける 事かな。

形容詞

▽活用表の空欄を埋めなさい。

	語幹	未然	連用	終止	連体	已然	命令	活用の種類
よし		○					○	活用
				○		○		

▼傍線部の形容詞の終止形、活用の種類、文中での活用形を答えなさい。

1 命長ければ、
2 心得にくきこと。
3 何かは惜《を》しからむ。
4 さらにいみじと思はず。
5 この木なからましかば、
6 限りなくかなしと思ひて、
7 おもしろかりけるところなり。
8 深く忍びたるけしきを、
9 悲しかるべき心ばへ、
10 「世にながかれ」としも思《おぼ》さざりしも、

	終止形	活用の種類	活用形
1		活用	形
2		活用	形
3		活用	形
4		活用	形
5		活用	形
6		活用	形
7		活用	形
8		活用	形
9		活用	形
10		活用	形

形容動詞

▽活用表の空欄を埋めなさい。

	語幹	未然	連用	終止	連体	已然	命令	活用の種類
あはれなり		○		○	○	○	○	活用

▼傍線部の形容動詞の終止形、活用の種類、文中での活用形を答えなさい。

1　上人《しやうにん》の感涙《かんるい》、いたづらになりにけり。

2　おほきなる柑子《かうじ》の木の、

3　読《ど》経《きやう》まめならぬ時は、

4　あゆみくる様、いと堂々たり。

5　かぐや姫、いとあはれに泣く。

6　その声、あからさまなれども、

7　娘の死、いと思はずなりけり。

8　あだなりと名にこそ立てれ。

9　昔、男、妹《いも》のいとをかしげなりけるを見をりて、

10　そぞろに神のごとくに言へども、　（そぞろに…むやみやたらと）

	終止形	活用の種類	活用形
1		活用	形
2		活用	形
3		活用	形
4		活用	形
5		活用	形
6		活用	形
7		活用	形
8		活用	形
9		活用	形
10		活用	形

係り結びの基礎

係り結びの法則とは、文中に係助詞「ぞ・なむ・や・か・こそ」があると、文末の形が変化する法則。

〔文末の変化〕

係助詞	文末の形
ぞ	**連体形**
なむ	**連体形**
や	**連体形**
か	**連体形**
こそ	**已然形**
は	終止形（変化しない）
も	終止形（変化しない）

男ぞ、去ぬる。 連体形

男なむ、去ぬる。 連体形

男や、去ぬる。 連体形

男か、去ぬる。 連体形

男こそ、去ぬれ。 已然形

男は、去ぬ。

男も、去ぬ。

係り結びの法則の原則は右のとおりであるが、文末が省略されることがある。省略の代表的な形は次のものである。

〔結びの省略〕

～にや。／～にか。 … 「あらむ」 等の省略。

～にこそ。 … 「あらめ」 等の省略。

～とぞ。／～とや。 … 「言ふ」「聞く」 等の省略。

～とこそ。 … 「言へ」「聞け」 等の省略。

＊これらの例では、句点（。）が読点（、）になる場合もある。

〔例〕さるべきにや、

〔意味と訳し方〕

ぞ・なむ・こそ　〈強意〉特に訳出しない。（終止形に戻して訳す）

や・か　①**〈疑問〉「〜カ。」**

②**〈反語〉「〜カ、イヤ〜ナイ。」**

〈疑問〉か〈反語〉かは、文脈で判断する
ただし、「〜やは」「〜かは」の形は、反語になることが多い

〜にや。／〜にか。　文末に「〜（デアル）ダロウカ」等を補う。

〜にこそ。　文末に「〜（デアル）ダロウ」等を補う。

こそ〜已然形。　命令文と間違えやすいので注意。終止形の文と同様に訳す。

〔例〕花こそ咲け。→〔訳〕花が咲く。

こそ〜已然形、　**〈逆接〉「〜ケレドモ・〜ノニ」**

〔発展〕→P79係助詞「もぞ」「もこそ」

係り結びの法則1

▼係助詞に傍線を引き、文末の（　）の中の語を活用させなさい。

1　野分《のわき》のまたの日こそ、いみじうあはれに（おぼゆ）。
2　知らずなりゆくなむ（あさまし）。
3　思ふ心なき人は、かならず来《き》などや（す）。
4　いるさの山を誰《たれ》か（たづぬ）。
5　かかることこそ（めでたし）。
6　ことごとしからぬ紙や（侍《はべ》り）。
7　あさましと言ふにもあまりてなむ（あり）。
8　足は十文字《じふもんじ》に踏《ふ》みてぞ（遊ぶ）。
9　何か（うとまし）。
10　昔の物語などにこそかかる事は（聞く）。

10	9	8	7	6	5	4	3	2	1

係り結びの法則2

▼係助詞に傍線を引き、結びの語を抜き出して説明しなさい。

〔例〕ほととぎすや聞きたまふ。

（結びの語）たまふ　（説明）動詞「たまふ」の連体形

1　死にたるこそ口惜《くちを》しけれ。

2　ただ空をのみぞ飛ぶ。

3　思《おぼ》し乱るるにや。

4　慎《つつし》む方《かた》のなかりける人の心ぞ愚かなる。

5　人の心もおなじことにこそあれ。

6　こは誰《たれ》のしわざにか。

7　かりがねの鳴きこそ渡れ。　（かりがね…鳥の名）

8　心地《ここち》こそいと悪《あ》しけれ。

9　京に来て語りけるとぞ。

10　荷前《のさき》の使《つかひ》立つなどぞ、あはれにやむごとなき。

	1	2	3	4	5	6	7	8	9	10
結びの語										
説明										

係り結びの法則3 「や」「か」

▼係助詞「や」「か」に気をつけて、傍線部を現代語訳しなさい。

1 「ここにやいます」など問ふ。（います…いらっしゃる）

2 近き火などに逃ぐる人は、「しばし」とや言ふ。（しばし…ちょっと待て）

3 我ばかりかく思ふにや。（ばかり…だけ／かく…このように）

4 世の中は昔よりやは憂《う》かりけむ。（憂かりけむ…つらかったのだろう）

5 「龍《たつ》の頸《くび》の玉や取りておはしたる。」「否《いな》、さもあらず。」（おはしたる…いらっしゃった）

6 暗ければ、いかでかは見えむ。（いかで…どうして／見えむ…見えるだろう）

7 「いづれの山か天に近き」と問はせ給《たま》ふに、（いづれの…どの）

8 たとひ耳鼻《みみはな》こそ切れ失《う》すとも、命ばかりはなどか生きざらむ。（など…どうして／生きざらむ…生き延びないだろう）

9 こはいかなることにか。（こ…これ／いかなること…どういうこと）

10 翁《おきな》、皇子《みこ》に申《まう》すやう、「いかなる所にかこの木は候《さぶら》ひけむ。」（候ひけむ…ありましたのでしょう）

10	9	8	7	6	5	4	3	2	1

係り結びの法則4 「こそ」

▼係助詞「こそ」に気をつけて、傍線部を現代語訳しなさい。

1 蛙《かはづ》のあまた鳴く田には水こそまされ。

2 波より出《い》でて波にこそ入《い》れ。

3 紅葉《もみぢ》も花もともにこそ散れ。

4 散ればこそいとど桜はめでたけれ。
（散れば…散るから／いとど…より一層）

5 あやしき者にこそあれ、口惜《くちを》しうはあらぬ者にこそあれ。
（あやしき…身分が低い）

6 中垣《なかがき》こそあれ、一つ家《いへ》のやうなれば、

7 心ばせなどの古びたる方《かた》こそあれ、いとうしろやすき後見《うしろみ》ならむ。
（心ばせ…考え方／古びたる方…古めかしい部分）

8 この殿《との》の御《み》心《こころ》、かばかりにこそ。
（かばかり…この程度）

9 「車侍《はべ》り。人の来たりけるにこそ。」
（来たりける…来たの）

10 「それもいと罪深《つみぶか》なることにこそ。」

10	9	8	7	6	5	4	3	2	1

名作に親しむ❸ 『徒然草《つれづれぐさ》』 冒頭文ほか

[1]つれづれなるままに、日ぐらし、硯《すずり》にむかひて、心に移りゆくよしなし事《ごと》を、[2]そこはかとなく書きつくれば、あやしうこそものぐるほしけれ。

いでや、この世に生《うま》れては、願はしかるべき事《こと》こそ多かんめれ。

人は、かたち・ありさまのすぐれたらむこそ、あらまほしかるべけれ。物うち言ひたる、聞きにくからず、愛敬《あいぎやう》ありて、[3]言葉多からぬこそ、飽《あ》かず向《むか》はまほしけれ。[4]めでたしと見る人の、心劣《こころおと》りせらるる本性《ほんじやう》見えむこそ、口惜《くちを》しかるべけれ。しな・かたちこそ生《うま》れつきたらめ、心は、などか、[5]賢《かしこ》きより賢きにも、移さば移らざらむ。かたち・心ざまよき人も、才《ざえ》なくなりぬれば、品下《しなくだ》り、顔憎《にく》さげなる人にも立ちまじりて、かけずけおさるるこそ、[6]本意《ほい》なきわざなれ。

問1　波線部の結びの語を抜き出しなさい。

問2　傍線部1～6の形容詞・形容動詞について、終止形、文中での活用形を答えなさい。

	終止形	活用形
1		形
2		形
3		形
4		形
5		形
6		形

☆『徒然草』は、鎌倉時代末期あたりに成立した兼好《けんこう》（卜部《うらべ》兼好《かねよし》）による随筆です。

二四三段からなる内容は、冒頭に「心にうつりゆくよしなし事を、そこはかとなく（＝心に次々と浮かぶつまらないことを、とりとめもなく）」と書いてある通りにまとまりがなく、長い章段も短い章段もあり、また内容も、仏教・無常観といった真面目な話題から酒・恋愛のような柔らかい話題まで、または有職故実《ゆうそくこじつ》（＝古来の朝廷や武家の礼式・典故・官職・法令・装束・武具などの知識）や処世の心得など、ありとあらゆることが取り上げられています。これは作者の興味が偏《かたよ》ることなく、文学・宗教・人生・社会・自然・歴史などあらゆる方面に向けられていたからでしょう。

兼好の一族である卜部氏は神職の家系で、兼好の父も吉田神社の神職でした。吉田神社は、京都大学吉田キャンパスの裏の吉田山にある神社です。節分祭が有名で当日は多くの人でにぎわいます。

第2章 助動詞

助動詞の基礎

助動詞は、用言などに付いて、さまざまの意味を添える働きをする、活用する付属語。

何のしるしあるべくも見え（動詞）ず（助動詞　〜ナイ）。

御遊びなどもなかり（形容詞）けり（助動詞　〜タ）。

人の言ふ事（名詞）なれ（助動詞　〜デアル）ば、

一重梅をなむ、軒近く植ゑ（動詞）られ（助動詞　〜ナサル）たり（助動詞　〜テイル）ける（助動詞　〜タ）。

〈助動詞の接続の表〉

	主な助動詞
未然形接続	る・らる・す・さす・しむ・ず・む・むず・じ・まし・まほし・り〔上がサ変〕
連用形接続	き(※1)・けり・つ・ぬ・たり(完了)・けむ・たし
終止形接続	(※2) べし・まじ・らむ・らし・めり・なり(伝聞・推定)
連体形接続	なり(断定)・ごとし
已然形接続	り〔上が四段　※3〕

※1…カ変・サ変には未然形に付く場合もある

※2…終止形接続の助動詞は、上がラ変型活用語の場合は連体形に接続する

※3…命令形説もある

◎この3ポイントを押さえて学習しよう。

A　意味と訳し方　それぞれに固有の意味（職能）と訳し方がある。

B　接続　上に何形がくるのかというルール。文法の識別問題などを解くのに必要。（右下表）

C　活用　助動詞も活用する。ラ変型・四段型など、用言と似た活用をするものが多い。特殊型には注意。

→P106 助動詞一覧

〈学習するときの注意点〉

P32の例　赤で示したポイントに注意しながら、問題を解こう。

「言ひき」「言ひけり」のように、口に出して、上が何形なのかを意識してみるとよい

ここが接続（B）

助動詞1 「き」「けり」

	未然	連用	終止	連体	已然	命令	接続	
き	（　）	○				○		特殊型
けり	（　）	○				○		ラ変型

き　（体験）過去　～タ

◎未然形「せ」は反実仮想の形で用いられる→P55

けり　①（伝聞）過去　～タ
②詠嘆《えいたん》　～タナア・～コトヨ

◎「けり」の詠嘆の用法は原則として、和歌中・会話文中

ここが活用（C）

「ラ変型」は、動詞のラ変と似た形の活用で「ら・り・り・る・れ・れ」がベースになっている

ここが意味（A）

覚えるまで、何度でも確かめよう

ここが訳し方（A）

カタカナのお手本どおりに訳すことが大切

助動詞1 「き」「けり」

▽活用表の空欄を埋めなさい。

	未然	連用	終止	連体	已然	命令	接続	
き	（　）	○				○		特殊型
けり	（　）	○				○		ラ変型

き　**（体験）過去**　**～タ**

◎未然形「せ」は反実仮想の形で用いられる→P55

けり　①**（伝聞）過去**　**～タ**

②**詠嘆《えいたん》**　**～タナア・～コトヨ**

◎「けり」の詠嘆の用法は原則として、和歌中・会話文中

▼助動詞「き」「けり」に傍線を引き、その活用形を答えなさい。

1　風激しく吹きて、静かならざりし夜《よ》。

2　「さは、翁丸《おきなまろ》にこそはありけれ。」

3　燕《つばくらめ》のまり置ける古糞《ふるくそ》を握りたまへるなりけり。

（まり置ける…脱糞した／握りたまへる…握っていらっしゃった）

4　清涼殿《せいりやうでん》の御前《おまへ》の梅の木の枯れたりしかば、

5　恐ろしげなるもの来て、食ひかからむとしき。

▼助動詞「き」を適切な形に直して、空欄に入れなさい。

6　法師になり給《たま》ひにしこそ、あはれなり（　　）。

7　河内前司《かはちのぜんじ》といひ（　　）人の類《るい》にてぞありける。（類…親類）

8　あからさまと思ひ（　　）ども、五年《いつとせ》を経たり。

▼助動詞「けり」に気をつけて、傍線部を現代語訳しなさい。

9　住みける所を名にて「竜門《りゆうもん》の聖《ひじり》」とぞいひける。

10　人はいさ心も知らずふるさとは花ぞ昔の香《か》に匂ひける

1	2	3	4	5	6	7	8	9	10
形	形	形	形	形					

助動詞2 「ず」

▽活用表の空欄を埋めなさい。

ず	未然	連用	終止	連体	已然	命令	接続	
	○					○		特殊型
			○					ラ変型

※直後に助動詞がくる時には、原則として左行（ラ変型）を使う。

打消　～ナイ

▼助動詞「ず」に傍線を引き、その活用形を答えなさい。

1 人目も今はつつみ給《たま》はず、泣き給ふ。

2 京には見えぬ鳥なれば、皆人《みなひと》見知らず。

3 その夢まことにあらざりけり。

4 聞かむとすれども、え聞かねば、書かず。

5 源氏《げんじ》の君《きみ》こそおはしたなれ。など見たまはぬ。

▼助動詞「ず」を適切な形に直して、空欄に入れなさい。

6 誰《たれ》とこそ知ら（　　）。

7 講師《かうじ》は、「思ひかけ（　　）ことなり」といへば、

8 宮仕《みやづか》へしたまふべき際《きは》にはあら（　　）き。

▼助動詞「ず」に気をつけて、傍線部を現代語訳しなさい。

9 法師ばかり、うらやましからぬものはあらじ。

10 秋ならねども、あやしかりけりと見ゆ。

1	2		3	4		5	6	7	8	9	10
形	形	形	形	形	形	形					

助動詞3　「つ」「ぬ」

▽活用表の空欄を埋めなさい。

	未然	連用	終止	連体	已然	命令	接続	
つ								下二段型
ぬ								ナ変型

① **完了**　〜タ・〜テシマッタ

② **強意**　キット〜・マサニ〜・〜テシマウ

◎強意の用法は、下に推量系の助動詞がくることが多い

〔例〕「つべし・ぬべし・てむ・なむ」

▼助動詞「つ」「ぬ」に傍線を引き、その活用形を答えなさい。

1　いみじう久しうもなりにけるかな。

2　海をさへ驚かして、波立てつべし。

3　花も皆咲きぬれども音もせぬなり。

4　髪もいみじく長くなりなむ。

▼助動詞「つ」を適切な形に直して、空欄に入れなさい。

5　「しかじかの事なん候《さぶら》ひ（　　）。」

6　(源氏ノ君ガ召使ニ)「あわたたしき風なめり。御格子《みかうし》おろし（　　）。」

7　「ただ通らん」と思ひ（　　）ども、

▼助動詞「ぬ」に気をつけて、傍線部を現代語訳しなさい。

8　雨のいたく降りしかば、え参らずなりにき。
（え参らずなり…参上できなくなる）

9　潮満ちぬ。風も吹きぬべし。

10　東へ行きなば、はかなくなりなまし。
（まし…ただろうに）

1	2	3	4	5	6	7	8	9	10
形	形	形	形						

助動詞4 「たり」「り」

▽活用表の空欄を埋めなさい。

	未然	連用	終止	連体	已然	命令	接続	
たり								ラ変型
り								ラ変型

完了・存続　～テイル・～テアル・～タ

▼助動詞「たり」「り」に傍線を引き、その活用形を答えなさい。

1　深き穴の開きたる中より出《い》づる水の、

2　諸国の受領《ずりやう》なりしかども、死にたりき。

3　痴《し》れものは走りかかりたれば、猫は内に入れり。

4　足のむくまま行けれども、涙とまらず。

▼助動詞「り」を適切な形に直して、空欄に入れなさい。

5　いささかもの思ふべきさまもし給《たま》へ（　　）ず。

6　このわたりに、顔見知れ（　　）僧なり。

7　化け物に襲《おそ》はると人々言へ（　　）ども、

8　この禅師《ぜんじ》の君《きみ》、参りたまへ（　　）けり。

▼助動詞「り」に気をつけて、傍線部を現代語訳しなさい。

9　血垂《た》れども、何とも思へらず。

10　卯月《うづき》ついたち、詠《よ》める歌。

1	2	3		4	5	6	7	8	9	10
形	形	形	形	形						

名作に親しむ❹『方丈記《ほうじょうき》』冒頭文

ゆく河の流れは絶えずして、しかももとの水にあらず。よどみに浮《うか》ぶうたかたは、かつ消え、かつ結びて、久しくとどまりたる例《ためし》なし。世の中にある人と栖《すみか》と、またかくのごとし。たましきの都《みやこ》のうちに棟《むね》を並べ、甍《いらか》を争へる高き賤《いや》しき人の住《すま》ひは、世々《よよ》を経て尽《つ》きせぬものなれど、これをまことかと尋《たづ》ぬれば、昔ありし家は稀《まれ》なり。或《あるい》は去年《こぞ》焼けて、今年《ことし》作れり。或は大家《おほいへ》ほろびて小家《こいへ》となる。住む人もこれに同じ。所も変らず、人も多かれど、いにしへ見し人は、二三十人が中にわづかにひとりふたりなり。朝《あした》に死に夕《ゆふべ》に生《うま》るるならひ、ただ水の泡《あわ》にぞ似たりける。知らず、生れ死ぬる人いづかたより来《きた》りて、いづかたへか去る。また知らず、仮《かり》の宿り、誰《た》がためにか心を悩《なや》まし、何によりてか目を喜ばしむる。その主《あるじ》と栖と無常《むじやう》を争ふさま、いはばあさがほの露《つゆ》に異《こと》ならず。或は露落ちて、花残れり。残るといへども、朝日に枯《か》れぬ。或は花しぼみて、露なほ消えず。消えずといへども、夕を待つ事なし。

問　本文中の助動詞「き」「けり」「ず」「つ」「ぬ」「たり」「り」に傍線を引き、文中での活用形を答えなさい。

☆『方丈記』は、鎌倉時代初期に成立した鴨長明による随筆です。

この部分は、鎌倉時代の文学作品の特徴である無常観を表したものとして有名で、その時代を代表する名文です。漢文訓読調の格調高い文体に、対句《ついく》や倒置法などが使われて、節度を持った叙情性をたたえています。

方丈とは、一丈（約三メートル）四方の面積を指し、質素な暮らしをする僧侶の住居を指す言葉になりました。だいたい四畳半の部屋くらいですが、『維摩経《ゆいまぎょう》』には、その方丈の中に文殊菩薩《もんじゅぼさつ》とその一行《いっこう》を全員収容できたと書かれています。京都の下鴨神社の中には、長明が暮らしたとされる方丈を再現した建物が建っています。

助動詞5 「る」「らる」

▽活用表の空欄を埋めなさい。

	未然	連用	終止	連体	已然	命令	接続	
る								下二段型
らる								下二段型

※「る」は四段・ナ変・ラ変に、「らる」はそれ以外に接続する。

① **受身**　**～レル・～ラレル**
◎文中に「○○に（よって）」があることが多い

② **可能**　**～コトガデキル**
◎否定文中が多い

③ **自発**　**自然ト・ツイ～スル・～セズニハイラレナイ**
◎「心情表現（思ふ・泣くなど）・知覚表現（見る・聞くなど）＋る・らる」の形が多い

④ **尊敬**　**オ～ニナル・～ナサル**
◎主語に対して敬意を払っている　◎文中に他の敬語が用いられていることが多い

▼助動詞「る」「らる」に傍線を引き、その文法的意味を答えなさい。

1 「仏もいかにか聞き給《たま》ふらむ」と思ひやらる。
2 「敵《かたき》に攻められて、わびにてはべり。」
3 「内裏《うち》より召《め》す。すみやかに参られよ。」
4 さらにこそ信ぜられね。
5 問ひつめられて、え答へずなりはべりつ。
6 何ごとにつけても、しほしほとまづぞ泣かるる。　（しほしほと…しくしくと）

▼助動詞「る」「らる」に気をつけて、傍線部を現代語訳しなさい。

7 この女子《をんなご》に教へらるるも、をかし。
8 大将、福原にこそ帰られけれ。　（福原…地名）
9 ふるさと限りなく思ひ出《い》でらる。
10 胸ふたがりて、物なども見入《い》れられず。　（見入れ…じっと見る）

1	2	3	4	5	6	7	8	9	10

助動詞6 「す」「さす」「しむ」

▽活用表の空欄を埋めなさい。

	未然	連用	終止	連体	已然	命令	接続	
す								下二段型
さす								下二段型
しむ								下二段型

※「す」は四段・ナ変・ラ変に、「さす」はそれ以外に接続する。

① **使役《しえき》** **～セル・～サセル**

② **尊敬** （「せ給ふ」「させ給ふ」等の形で）**オ～ニナル・～ナサル**

▼助動詞「す」「さす」「しむ」に傍線を引き、その文法的意味を答えなさい。

1 餅《もち》を食《く》はするに、うち食ひてけり。

2 生《しやう》を苦しめて目を喜ばしむるは、桀《けつ》・紂《ちう》が心なり。
（桀・紂…古代中国の桀王と紂王。ともに暴虐な君主）

3 皇子《みこ》、東《とう》三条にて、東宮《とうぐう》に立たせ給《たま》ふ。
（東三条…東三条邸。屋敷の名／東宮…皇太子）

4 御格子《みかうし》上げさせて、御簾《みす》を高く上げたれば、

5 主上《しゆしやう》笑はせたまひて、語り聞こえさせたまひて、
（主上…天皇）

6 手のわろき人の、人に文《ふみ》書かするは、うるさし。

7 例《れい》のごとく、随身《ずいじん》にうたはせ給ふ。
（随身…貴人の外出時に付き従う家来）

▼助動詞「す」「さす」に気をつけて、傍線部を現代語訳しなさい。

8 人をやりつつ求めさすれど、さらになし。
（求め……探し求め）

9 上も宮も、その歌をば、いと興《きよう》ぜさせ給ふ。
（興ぜ…喜ぶ）

10 妻《め》の嫗《おうな》にあづけて養はす。

1	2	3	4	5	6	7	8	9	10

名作に親しむ❺ 『枕草子《まくらのそうし》』ものづくし

心ときめきするもの

雀《すずめ》の子《こ》飼《がひ》。児《ちご》遊ばする所の前わたる。良き薫物《たきもの》たきてひとり臥《ふ》したる。唐鏡《からかがみ》のすこし暗き見たる。よき男の車とどめて案内《あない》し問はせたる。頭《かしら》洗ひ化粧《けさう》じて、香《かう》ばしう染《し》みたる衣《きぬ》など着たる。ことに見る人なき所にても、心の内はなほいとをかし。待つ人などのある夜《よ》、雨の音、風の吹きゆるがすも、ふとおどろかる。

ありがたきもの

舅《しうと》にほめらるる婿《むこ》。また、姑《しうとめ》に思はるる嫁《よめ》の君《きみ》。毛のよく抜《ぬ》くるしろがねの毛抜《けぬき》。主《しゆう》そしらぬ従者《ずさ》。

めでたきもの

博士《はかせ》の才《ざえ》あるは、いとめでたしと言ふもおろかなり。顔にくげに、いと下臈《げらふ》なれど、やんごとなき御前《おまへ》に近付き参り、さべきことなど問はせ給《たま》ひて、御書《ふみ》の師《し》にてさぶらふは、うらやましくめでたくこそおぼゆれ。

問 本文中の助動詞「る」「らる」「す」「さす」「しむ」に傍線を引き、その文法的意味を答えなさい。

☆『枕草子』は、平安時代中期に成立した清少納言による随筆です。

日本で最初の随筆であるこの作品には、日々の生活のちょっとしたことに美しさやおもしろさを見出す作者独自の視点がよく表れています。今から千年も前の作品ですが、ここに書かれている「どきどきするもの」や「めったにないもの」などは現代の感覚とそれほど変わりがありません。

千年間ですっかり変わってしまったものと、千年たっても変わらないものとに思いを馳《は》せるのも、古典文学に触れる楽しみの一つです。

助動詞7 「む（ん）」

▽活用表の空欄を埋めなさい。

	未然	連用	終止	連体	已然	命令	接続	
む	○	○				○		四段型

①　**推量**　**〜ダロウ**
◎主語が三人称のことが多い

②　**意志**　**〜ヨウ・〜ツモリダ**
◎主語が一人称のことが多い

③　**婉曲《えんきょく》**　**〜ヨウナ**
◎「む＋体言」の形が多い

仮定　**〜トシタラ、ソレハ**
◎「む＋助詞」の形が多い

④　**適当**　**〜ガヨイ**

勧誘《かんゆう》　**〜テハドウカ**
◎会話の相手や読者に対して、誘いかけたり、何かを勧めたりする場面で用いる

▼助動詞「む」に傍線を引き、その文法的意味を後の選択肢から選びなさい。

1　「我なからむ世に、忘れず思ひ出《い》ださむずらむや。」
（思ひ出ださむずらむや…思い出すだろうか）

2　さ思ふ人多からむ。
（さ…そのように）

3　世に名を残さむこそ、あらまほしけれ。

4　「（私ハ）いかでその宮の琴《こと》聞かむ。」

5　「とくこそ試みさせたまはめ。」
（とく…はやく）

6　「（私ハ）大君《おほいぎみ》のあたりにこそ死なめ。」

7　「少納言《せうなごん》よ、香炉峰《かうろほう》の雪いかならむ。」

ア　推量　　イ　意志　　ウ　婉曲・仮定　　エ　適当・勧誘

▼助動詞「む」に気をつけて、傍線部を現代語訳しなさい。

8　双六《すごろく》は、「（自分ガ）勝たむ」と思ひて打つべからず。

9　ほととぎすいつか来《き》鳴かむ。

10　「これに白からむところ入れて持て来《こ》。」

1	2	3	4	5	6	7	8	9	10

助動詞8 「むず（んず）」「じ」

▽活用表の空欄を埋めなさい。

	未然	連用	終止	連体	已然	命令	接続	
むず	○	○				○		サ変型

※「むず」は「むとす」が縮まった形。活用形に注意。

むず 「む」と同じ。

	未然	連用	終止	連体	已然	命令	接続	
じ	○	○				○		無変化型

じ ① **打消推量** **〜ナイダロウ・〜マイ**
◎主語が三人称のことが多い

② **打消意志** **〜ナイデオコウ・〜マイ**
◎主語が一人称のことが多い

▼助動詞「むず」に傍線を引き、その活用形を答えなさい。

1 「（私ハ）いづちも足の向きたらむ方へいなむず。」

2 「（私ハ）自害をせむずれば、」

3 「いかにし給《たま》はむずらむ」と、

4 「むなしく帰りては必ずくやまれ侍《はべ》りなむず。」

5 「いかやうにてか、おはしまさむずる。」

▼助動詞「じ」に傍線を引き、その文法的意味を答えなさい。

6 「（私ハ）京にはあらじ。あづまの国にいかむ」とて、

7 かの矢なりとも、この鎧《よろひ》はよも通らじ。

8 冬来たりなば、春遠からじ。

9 さるべき人々も、許されじかし。

10 「（私ハ）御碁《ご》には負けじかし。」 （御碁…あなたの碁）

1	2	3	4	5	6	7	8	9	10
形	形	形	形	形					

助動詞9 「らむ（らん）」「けむ（けん）」

▽活用表の空欄を埋めなさい。

	未然	連用	終止	連体	已然	命令	接続	
らむ	○	○				○		四段型
けむ	○	○				○		四段型

※「らむ」…上接語がラ変型の場合は、連体形に接続。

らむ

① **現在推量**　（今頃）～テイルダロウ

② **現在の原因推量**　（ドウシテ）～テイルノダロウ

◎疑問表現を伴う場合が多い

③ **現在の伝聞・婉曲《えんきょく》**　～トカイウ・～ヨウナ

◎「らむ＋体言」の形が原則

けむ

① **過去推量**　～タダロウ

② **過去の原因推量**　（ドウシテ）～タノダロウ

◎疑問表現を伴う場合が多い

③ **過去の伝聞・婉曲《えんきょく》**　～タトカイウ・～タヨウナ

◎「けむ＋体言」の形が原則

▼助動詞「らむ」「けむ」に傍線を引き、その活用形を答えなさい。助動詞「らむ」「けむ」がない場合は、「ナシ」と答えなさい。

1　吹くからに秋の草木のしをるればむべ山風《やまかぜ》を嵐《あらし》と言ふらむ

2　いかばかりか哀《かな》しかりけむ。

3　身をたすけむとすれば、

4 さだめて心もとなく思《おぼ》すらむ。

5 昨夜《よべ》、雨ぞふりけむ。

6 つとめては雪ぞつもらむ。

7 峰《みね》の桜は散りはてぬらむ。

8 おはすらむ所にだに尋《たづ》ね行かむ。

9 小夜《さよ》の中山など越えけむほどもおぼえず。

（小夜の中山…地名）

10 夏山に恋しき人や入《い》りにけむ。

10	9	8	7	6	5	4	3	2	1
形	形	形	形	形	形	形	形	形	形

名作に親しむ❻ 『更級日記《さらしなにっき》』 物語へのあこがれ

かくのみ思ひくんじたるを、心もなぐさめむと、心苦しがりて、母、物語などもとめて見せ給《たま》ふに、げにおのづからなぐさみゆく。紫《むらさき》のゆかりを見て、つづきの見まほしくおぼゆれど、人かたらひなどもえせず、たれもいまだ都《みやこ》なれぬほどにてえ見つけず。いみじく心もとなく、ゆかしくおぼゆるままに、『この源氏《げんじ》の物語、一の巻《まき》よりしてみな見せ給へ』と心のうちに祈《いの》る。親の太秦《うづまさ》にこもり給へるにも、異事《ことごと》なくこのことを申《まう》して、出《い》でむままにこの物語見はてむと思へど見えず。いとくちをしく思ひ歎《なげ》かるるに、をばなる人の田舎《いなか》よりのぼりたる所にわたいたれば、「いとうつくしう生《お》ひなりにけり」など、あはれがり、めづらしがりて、かへるに、「何をか奉《たてまつ》らむ。まめまめしき物は、まさなかりなむ。ゆかしくし給ふなる物を奉らむ」とて、源氏の五十余巻《よまき》、櫃《ひつ》に入《い》りながら、在中将《ざいちゆうじやう》、とほぎみ、せり河《かは》、しらら、あさうづなどいふ物語ども、一袋《ひとふくろ》とり入れて、得てかへるここちのうれしさぞいみじきや。はしるはしるわづかに見つつ、心も得ず心もとなく思ふ源氏を、一の巻よりして、人もまじらず、几帳《きちやう》のうちにうちふしてひき出《い》でつつ見るここち、后《きさき》の位《くらゐ》も何にかはせむ。

問 本文中の助動詞「む」に傍線を引き、その文法的意味を答えなさい。

☆『更級日記』は、平安時代中~後期に成立した菅原孝標女《すがわらのたかすえのむすめ》の日記です。

この時代の日記とは、現代のように毎日あった出来事を書きとめるのではなく、晩年に自分の人生を振り返って書く回想記に近いものです。

作者は十歳の時には姉や継母から『源氏物語』などのあらすじを聞かせてもらって、物語へのあこがれを抱きました。その後は仏様を作って「物語を読ませてください」とお祈りまでして、やっとおばからもらったのが十三歳の時ですから、本を手に入れるのは大変だったことがわかります。紙も貴重品で、印刷技術もなかった当時、物語本は貴族の贅沢品でした。

助動詞10 「べし」

▽活用表の空欄を埋めなさい。

	未然	連用	終止	連体	已然	命令	接続	
べし	○					○		形容詞型
			○		○	○		

※上接語がラ変型の場合は、連体形に接続。

① **推量** 〜ニチガイナイ・〜（シ）ソウダ・〜ダロウ
◎主語が三人称のことが多い

② **当然・義務** 〜ハズダ・〜ナケレバナラナイ
◎道理・道徳・状況などから考えて、当然そうなるはずのこと・そうしなければならないこと

③ **適当** 〜ガヨイ
◎道理・道徳・状況などから考えてそれがふさわしいこと

④ **命令** 〜セヨ
◎主語が二人称のことが多い・上位者から下位者への命令

⑤ **意志** 〜ツモリダ
◎主語が一人称のことが多い

⑥ **可能** 〜コトガデキル
◎否定文中が多い

☆「べし」は短文中で意味を決定することが難しい。たとえば〈適当〉も〈命令〉もどちらも正解という場合もある。〔主語〕や〔否定文〕といった形式だけで決めようとせずに、文を読んで①〜⑥の訳をあてはめて、どれがぴったりくるかを考えて決定する。形式はあくまで目安である。実際には長文の中で意味を決定しなければならないので、常に文章中での意味を考えるようにしなければならない。

▼助動詞「べし」に傍線を引き、その文法的意味を後の選択肢から選びなさい。

1 毎度ただ得失《とくしつ》なく「この一矢《ひとや》に定むべし」と思へ。（得失なく…当たりはずれを考えずに）

2 先《さき》の世のこと知るべからず。（先の世…前世）

3 汝《な》が煩悩《ぼんのう》さながら捨《す》つべきなり。
（煩悩…怒り・情欲など人の心を苦しめるもの／さながら…そのまま）

4 「この人は日本紀《にほんぎ》をこそ読みたるべけれ。」（日本紀…『日本書紀』）

5 歌道、怠《おこた》るべからず。

6 羽なければ、飛ぶべからず。

7 風雨強かるべし。

8 「われ、先陣《せんぢん》の功《こう》を立つべし。」

9 家の造りやうは、夏を旨《むね》とすべし。（旨…中心・主旨）

10 人の歌の返し、とくすべきを、（とく…はやく）

ア 推量　イ 適当・命令　ウ 意志　エ 可能

1	2	3	4	5

6	7	8	9	10

助動詞11「まじ」

▽活用表の空欄を埋めなさい。

	未然	連用	終止	連体	已然	命令	接続	
まじ	○					○		形容詞型
			○		○	○		

※上接語がラ変型の場合は、連体形に接続。

① **打消推量** 〜ナイダロウ
② **打消当然** 〜ハズガナイ
③ **不適当** 〜ナイ方ガヨイ
④ **禁止** 〜スルナ・〜シテハナラナイ
⑤ **打消意志** 〜ナイツモリダ
⑥ **不可能** 〜コトガデキナイ

※「まじ」＝〈打消＋べし〉なので、意味を決定する考え方は「べし」と同じ。

▼助動詞「まじ」に傍線を引き、その活用形を答えなさい。

1 かぐや姫え止《とど》むまじければ、たださしあふぎて泣きをり。
2 妻《め》といふものこそ男の持つまじきものなれ。
3 人のたやすく通ふまじからむ所に、
4 心ばせあるさまなどぞ、げにやむごとなき人に劣るまじかりける。（心ばせ…配慮）
5 「それなん、また、え生《い》くまじくはべるめる。」

1	形	2	形	3	形
4	形	5	形		

▼助動詞「まじ」に傍線を引き、その文法的意味を後の選択肢から選びなさい。

6 「（ソノ手紙ヲ）ただいまは見るまじ」とて入りぬ。
7 冬枯《が》れの景色こそ、秋にはをさをさ劣るまじけれ。（をさをさ…ほとんど）
8 「わが身は女なりとも、敵《かたき》の手にはかかるまじ。」
9 桂《かつら》のみこ、いとみそかに、あふまじき人にあひ給《たま》ひけり。
10 公卿《くぎやう》といへど、この人のおぼえに必ずしも並ぶまじきこそ多かれ。（公卿…上達部・三位以上の上流貴族／おぼえ…評判）

ア 打消推量　イ 不適当・禁止　ウ 打消意志　エ 不可能

6	
7	
8	
9	
10	

助動詞12 「なり」（伝聞・推定）

▽活用表の空欄を埋めなさい。

	未然	連用	終止	連体	已然	命令	接続	
なり	○	（　）				○		ラ変型

※上接語がラ変型の場合は、連体形に接続。

① **伝聞** **〜トカイウ・〜（スル）ソウダ**
◎人から聞いた、書物などで読んで知っている

② **推定** **〜ヨウダ**
◎音声などの状況から推定する

▼伝聞・推定の助動詞「なり」に傍線を引き、その活用形を答えなさい。

1 男もすなる日記《にき》といふものを、女もしてみむとてするなり。

2 聞き知る人こそあなれ。
（聞き知る…聞いてそれとわかる）

▼伝聞・推定の助動詞「なり」を適切な形に直して、空欄に入れなさい。

3 極楽といふ（　　）所には、菩薩《ぼさつ》などもみなかかることをして、

4 「なべての人にはあらず」と世人《よひと》も愛《め》で言ふ（　　）ど、

5 弓弦《ゆづる》いとつきづきしくうち鳴らして、曹司《ざうし》の方に去《い》ぬ（　　）。

▼伝聞・推定の助動詞「なり」に傍線を引き、その文法的意味を答えなさい。

6 世の中に物語といふもののあんなるを、

7 御衣《おほんぞ》の音なひ、「さばかりなり」と聞きゐたまへり。

8 「荻《をぎ》の葉、荻の葉」と呼ばすれど、答へざなり。

9 また聞けば、侍従《じじゆう》の大納言の御女《みむすめ》、亡くなり給《たま》ひぬなり。

10 駿河《するが》の国にあなる山の頂《いただき》に、

1	2	3	4	5	6	7	8	9	10
形	形								

助動詞13 「なり」（断定）

▽活用表の空欄を埋めなさい。

	未然	連用	終止	連体	已然	命令	接続	
なり	○		○	○	○	○		形容動詞型

① 断定　〜デアル・〜ダ

② 存在　〜ニアル・〜ニイル　◎原則として〔場所を表す語＋なる〕の形

▼断定の助動詞「なり」に傍線を引き、その活用形を答えなさい。

1　良覚僧正《りやうがくそうじやう》と聞こえしは、きはめて腹あしき人なりけり。

2　これは龍《たつ》のしわざにこそありけれ。

▼断定の助動詞「なり」を適切な形に直して、空欄に入れなさい。

3　この命婦《みやうぶ》こそ、ものの心得て、かどかどしくは侍《はべ》る人（　　）。

4　恨みを負ふつもり（　　）やありけむ、（つもり…積み重ね）

5　ありがたき志《こころざし》（　　）けむかし。

6　また頼もしき人もなく、げにぞあはれなる御ありさま（　　）。

▼断定の助動詞「なり」に気をつけて、傍線部を現代語訳しなさい。

7　男もすなる日記《にき》といふものを、女もしてみむとてするなり。

8　「さらば、その遺言なりな。」

9　京なる女のもとに、

10　いかに思ひはじめけることにか、

1	2	3	4	5	6	7	8	9	10
形	形								

名作に親しむ❼『土佐日記《とさにっき》』冒頭文

男もすなる日記《にき》といふものを、女もしてみむとてするなり。

それの年《とし》の、十二月《しはす》の、二十日《はつか》あまり一日《ひとひ》の日の、戌《いぬ》の時に門出《かどで》す。そのよし、いささかにものに書きつく。

ある人、県《あがた》の四年五年《よとせいつとせ》はてて、例《れい》のことどもみなし終へて、解由《げゆ》など取りて、住む館《たち》より出でて、船に乗るべき所へ渡る。かれこれ、知る知らぬ、送りす。年ごろ、よく比《くら》べつる人々なむ、別れがたく思ひて、日しきりに、とかくしつつののしるうちに、夜《よ》ふけぬ。

二十二日《はつかあまりふつか》に、和泉《いづみ》の国までと、平《たひら》かに願《ぐわん》立つ。藤原のときざね、船路《ふなぢ》なれど、馬《むま》のはなむけす。

上中下《かみなかしも》酔《ゑ》ひ飽《あ》きて、いとあやしく、塩海《しほうみ》のほとりにてあざれあへり。

問　本文中の助動詞「べし」「なり」に傍線を引き、その文法的意味を答えなさい。

☆『土佐日記』は、平安時代前期に成立した紀貫之の日記です。

　貫之が土佐から帰京した五五日間の船旅の経験を、真実と虚構と織り交ぜつつ書きました。一番の特徴は、冒頭の一文に書かれているとおり、女性の作に仮託しているという点です。当時、仮名文字は女性が私的なことを書くのに使っていたので、仮名文字を使うことで、公的・政治的な立場を離れて自由な創作活動をしようとしたのでしょう。

　当時の船旅は、天候や海賊の恐怖と戦いながらのけっして楽なものではありませんでしたが、貫之は時に皮肉っぽく、時にユーモアを交えてこの旅の様子を描いています。『古今和歌集』の編者である彼の和歌が随所に散りばめられているのも特徴です。全体に明るいトーンで書かれているこの作品ですが、土佐の地で亡くなった女児のことを語る部分には、子を失った親の痛切な悲しみがあふれています。

助動詞14 「めり」

▽活用表の空欄を埋めなさい。

	未然	連用	終止	連体	已然	命令	接続
めり	○	（　）				○	ラ変型

※上接語がラ変型の場合は、連体形に接続。

① **推定**　～ヨウダ
◎目に見える事態などの状況から推定する

② **婉曲《えんきょく》**　～ヨウダ
◎確定的なことだが遠回しに柔らかく言う

▼助動詞「めり」に傍線を引き、その活用形を答えなさい。

1 いでやこの世に生まれては、願はしかるべきことこそ多かめれ。

2 いかなることにか、御命短くぞおはしますめる。

▼助動詞「めり」を適切な形に直して、空欄に入れなさい。

3 あはれに言ひ語らひて泣く（　　　）ど、涙落つとも見えず。

4 (菊ヲ、五月ノ)薬玉《くすだま》に解きかへてぞ、(前ノモノハ)棄《す》つ（　　　）。

5 こころざし疎《おろ》かならぬ人々にこそあ（　　　）。

6 木枯《こがらし》に吹きあはす（　　　）笛の音《ね》を、

▼助動詞「めり」に気をつけて、傍線部を現代語訳しなさい。

7 かぐや姫の、皮衣《かはごろも》を見ていはく「うるはしき皮なめり。」

8 簾《すだれ》少し上げて、花奉《たてまつ》るめり。
(奉る…さしあげる)

9 「中将の声は、弁少将にをさをさ劣らざめるは。」
(をさをさ…ほとんど／は…なあ)

10 ただ片かどを聞きつたへて心を動かすこともあめり。
(片かど…一つの取り柄)

1	2	3	4	5	6	7	8	9	10
形	形								

助動詞15 「まし」

▽活用表の空欄を埋めなさい。

	未然	連用	終止	連体	已然	命令	接続	
まし		○				○		特殊型

① **反実仮想《はんじつかそう》　～ダッタナラバ、…ダッタロウ（二）**

◎「～ましかば、…まし」「～ませば、…まし」「～せば、…まし」の形が基本

② **ためらいの意志　～ショウカシラ・～シタモノダロウカ**

◎疑問表現を伴い、主語が必ず一人称

▼助動詞「まし」に傍線を引き、その活用形を答えなさい。

1　竜を捕らへたらましかば、また、こともなく、我は害せられなまし。（こともなく…たやすく）

2　わが背子《せこ》とふたり見ませばいくばくかこの降る雪のうれしからまし（いくばくか…どれほど）

▼傍線部に含まれる「まし」の用法が、①反実仮想か、②ためらいの意志かを選びなさい。

3　かけこもらましかば、口惜《くちを》しからまし。（かけこもら…鍵をかけてこもる）

4　偽《いつわ》りのなき世なりせば、うれしからまし。

5　これになにを書かまし。

6　かく知らませば、国内《くぬち》すみずみ見せましものを。（ものを…～のに）

▼助動詞「まし」に気をつけて、傍線部を現代語訳しなさい。

7　入《い》りたらましかば、みな射殺されなまし。

8　いかにせまし。

9　夢と知りせば、醒《さ》めざらましを。（を…～のに）

10　いづれの里の宿か借らまし。

1		2		3	4	5	6	7	8	9	10
形	形	形	形								

助動詞16 「まほし」

▽活用表の空欄を埋めなさい。

	未然	連用	終止	連体	已然	命令	接続	
まほし	○					○		形容詞型
			○		○	○		

願望　～タイ

▼助動詞「まほし」に傍線を引き、その活用形を答えなさい。

1　愛敬《あいぎやう》ある人こそ、飽《あ》かず、向かはまほしけれ。

2　この生絹《すずし》だに、いと暑かはしく、脱ぎ捨てまほしかりしに、（生絹…薄い夏の衣服）

▼助動詞「まほし」を適切な形に直して、空欄に入れなさい。

3　なほ捨てがたく、気色《けしき》見（　　　）て、（気色…様子）

4　あるいはおのが家に籠《こも》り居《ゐ》、あるいはおのが行か（　　　）所へ往《い》ぬ。

5　さばかり心ゆく有り様にてこそ過ぐさ（　　　）。（心ゆく…満足できる）

6　篳篥《ひちりき》はいとかしがましく、近く聞か（　　　）ず。

▼助動詞「まほし」に気をつけて、傍線部を現代語訳しなさい。

7 いかなる人なりけむ、尋《たづ》ね聞かまほし。

8 言はまほしきことも、え言はず。

9 この宮仕《みやづか》へ本意《ほい》にもあらず、巌《いはほ》の中こそ住ままほしけれ。

10 なほたしかに知らまほしくて、問ひたまへば、

1	2	3	4	5	6	7	8	9	10
形	形								

名作に親しむ❽ 『大鏡《おおかがみ》』冒頭文

先《さい》つ頃《ころ》、雲林院《うりんゐん》の菩提講《ぼだいかう》に詣《まう》でて侍《はべ》りしかば、例人《れいひと》よりはこよなう年老い、うたてげなる翁《おきな》二人、嫗《おうな》と行きあひて、同じ所に居《ゐ》ぬめり。『あはれに、同じやうなるもののさまかな』と見侍りしに、これらうち笑ひ、見かはして言ふやう、「年頃《としごろ》、『昔の人に対面《たいめ》して、いかで世の中の見聞く事どもを聞こえあはせむ。このただ今の入道殿下《にふだうでんか》の御有様《おんありさま》をも申《まう》しあはせばや』と思ふに、あはれにうれしくも会ひ申したるかな。今ぞ心やすく黄泉路《よみぢ》もまかるべき。おぼしき事言はぬは、げにぞ腹《はら》ふくるる心地《ここち》しける。『かかればこそ、昔の人はもの言はまほしくなれば、穴を掘りては言ひ入《い》れ侍りけめ』とおぼえ侍り。かへすがへすうれしく対面したるかな。さてもいくつにかなり給《たま》ひぬる」と言へば、

問　本文中の助動詞すべてに傍線を引き、その文法的意味を答えなさい。

☆

『大鏡』は、平安時代後期に成立した歴史物語です。

　平安時代中期の歴史を、その絶頂にあった藤原道長の栄華を中心として叙述していますが、なんといっても興味深いのは、これが作り話ではなく、実在の人物たちのエピソードからなっているという点です。摂関政治の舞台裏や、当時の貴族たちの思いがけなく人間くさい逸話などが、語り手の一九〇歳の老人、大宅《おおやけの》世継《よつぎ》の口によって生き生きと語られる展開には、自然と引き込まれていきます。

　『大鏡』の構成は、中国の司馬遷の『史記』にならっており、個人の伝記の集成である〈紀伝体〉という形式をとっています。これはそれまでの歴史書や同じ歴史物語の先行作品である『栄花物語』が、時間の経過に沿って歴史を書きとめる〈編年体〉であるのと対照的です。紀伝体をとることで、中心人物にきわだってスポットライトがあたり、単なる歴史の記録にとどまらない物語性を生み出しています。

第3章 助詞

助詞の基礎

助詞は、種々の語に付いて、さまざまの意味を添える働きをする、活用しない付属語。

秋は夕暮、夕日のさして山の端《は》いと近うなりたるに、
烏《からす》の寝どころへ行くとて、
三つ四つ、二つ三つなど飛び急ぐさへあはれなり。

- は（助詞）〜ハ
- の（助詞）〜ガ
- て（助詞）〜テ
- の（助詞）〜ノ
- に（助詞）〜ニ
- の（助詞）〜ガ
- へ（助詞）〜ヘ
- とて（助詞）〜トイッテ
- など（助詞）〜ナド
- さへ（助詞）〜マデモ

◎助詞は次の六種類にわかれる

A　格助詞　体言（名詞）・連体形に付いて、その語と他の語との意味関係を示す。

B　接続助詞　文と文をつないで、上の文と下の文との意味関係を示す。接続も覚えよう（左下表）。

C　副助詞　下の用言に副詞的にかかって、意味を付け加える。

D　終助詞　主に文の終わりに付いて、意味を付け加える。接続も覚えよう（左下表）。

E　係助詞　「係り結びの法則」による文末の形の変化や意味が重要。（→P22〜27）

F　間投助詞　文の切れ目に付いて、意味を付け加える。

A～Dは現代語にもある助詞で、E・Fは古語だけの助詞である。
助詞は数も多く、現代語と共通している用法のものもあるので、全てを覚える必要はない。
現代語と訳や用法の違うものを次ページ以降にあげてあるので、まずそこから覚えていこう。

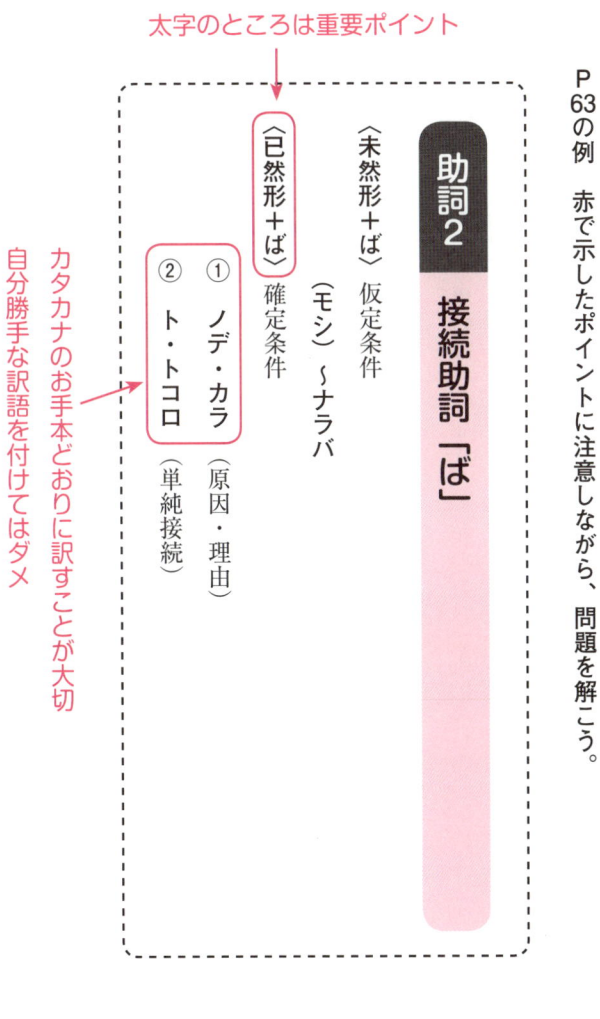

〈学習するときの注意点〉

P63の例　赤で示したポイントに注意しながら、問題を解こう。

太字のところは重要ポイント

助詞2　接続助詞「ば」

〈未然形＋ば〉仮定条件
（モシ）～ナラバ

〈已然形＋ば〉確定条件
① ノデ・カラ（原因・理由）
② ト・トコロ（単純接続）

カタカナのお手本どおりに訳すことが大切
自分勝手な訳語を付けてはダメ

〈助詞の接続の表〉

	主な助詞
未然形接続	ば（※1）・で・なむ（終助詞）・ばや
連用形接続	て・つつ・ながら・てしがな・にしがな
終止形接続	とも（※2）
連体形接続	格助詞・が・に・を
已然形接続	ば（※3）・ども

※1…仮定条件
※2…形容詞型には連用形、動詞・形容動詞型には終止形接続
※3…確定条件

助詞1 格助詞「の」

① 主格《しゅかく》（＝ガ）
② 連体修飾《れんたいしゅうしょく》（＝ノ）
③ 同格《どうかく》（＝デ）
④ 準体格《じゅんたいかく》（＝ノモノ）
⑤ 連用修飾《れんようしゅうしょく》（＝ノヨウニ）

▼傍線部「の」の文法的意味を、後の選択肢から選びなさい。

1 「いかなる人の御馬ぞ。」
2 白き鳥の、嘴《はし》と脚《あし》と赤き、鴫《しぎ》の大きさなる、水の上に遊びつつ、（鴫…鳥の名）
3 春たてば花とや見らむ白雪のかかれる枝に鶯《うぐひす》の鳴く
4 草の花はなでしこ。唐《から》のはさらなり、大和《やまと》のもいとめでたし。
5 日暮るるほどに、例の集まりぬ。
6 年十余《とを》りなる童《わらは》の松の枯れ枝を拾ひけるを呼びて、
7 爪《つめ》のいと長くなりにたるを見て、日を数ふれば、今日は子《ね》の日なりければ、切らず。
8 道信《みちのぶ》の中将の、山吹の花を持ちて上の御局《みつぼね》といへる所を過ぎけるに、
9 いと清げなる僧の、黄なる地の袈裟《けさ》着たるが来て、
10 御前《おまへ》近き橘《たちばな》の香《か》のなつかしきに、郭公《ほととぎす》の二声ばかり鳴きてわたる。

ア 主格　イ 連体修飾　ウ 同格　エ 準体格　オ 連用修飾

10	9	8	7	6	5	4	3	2	1

助詞2 接続助詞「ば」

〈未然形＋ば〉仮定条件

（モシ）～ナラバ

〈已然形＋ば〉確定条件

① ノデ・カラ（原因・理由）

② ト・トコロ（単純接続）

▼接続助詞「ば」に気をつけて、傍線部を現代語訳しなさい。

1 国王の仰《おほ》せごとを背《そむ》かば、はや殺し給《たま》ひてよかし。

2 四日、風吹けば、え出《い》で立たず。

3 一事《いちじ》を必ずなさんと思はば、他の事の破《や》るるをもいたむべからず。

4 京には見えぬ鳥なれば、皆《みな》人見知らず。

5 山里の春の夕暮来てみれば入相《いりあひ》の鐘《かね》に花ぞ散りける

6 用ありて行きたりとも、そのこと果てなば、とく帰るべし。

7 月の都の人まうで来ば、捕《と》らへさせむ。（まうで来…やってくる）

8 矢ごろ少し遠かりければ、海へ一段《いったん》ばかりうち入《い》れたれども、（矢ごろ…的までの距離／一段…約11メートル）

9 暁《あかつき》より雨降れば、同じ所に泊まれり。（暁…夜明け前）

10 戸口をさしのぞきたれば、昼寝し給へるほどなりけり。（さしのぞき…のぞいて見る）

10	9	8	7	6	5	4	3	2	1

助詞3 接続助詞「ながら」

① シツツ・シナガラ
② ケレドモ
③ ママ・ママデ
④ （数詞と共に）全部・トモ

▼接続助詞「ながら」に気をつけて、傍線部を現代語訳しなさい。

1 食ひながら、文《ふみ》をも読みけり。

2 日は照りながら雪の頭《かしら》に降りかかりけるを、

3 勅書《ちよくしよ》を馬の上ながら捧《ささ》げて見せ奉《たてまつ》るべし。

4 （男ノ）身はいやしながら、母なむ宮なりける。 （身はいやし…身分が低い／宮…皇族）

5 二人ながらその月の十六日に亡くなりぬ。

6 立ちながらこなたに入《い》りたまへ。

7 源氏《げんじ》の五十余巻《よまき》、櫃《ひつ》に入りながら得て帰る心地《ここち》のうれしさ。 （源氏…源氏物語／櫃…フタ付きの大型の木箱）

8 敵《かたき》ながらも、義平《よしひら》ほどの者を斬《き》らるることこそ遺恨《ゐこん》なれ。 （遺恨なれ…残念である）

9 折《をり》につけつつ、一年《ひととせ》ながらをかし。 （折…時節）

10 笑ひながら涙を流す者もありけり。

10	9	8	7	6	5	4	3	2	1

助詞4　接続助詞「て」「で」「つつ」

て　テ・（ノ）状態デ

で　ナイデ・ナクテ

つつ　①　テハ・ナガラ（反復）

　　　②　続ケテ・ナガラ（並行・継続）

▼接続助詞に気をつけて、傍線部の活用形を答えなさい。

1　あやしき家に夕顔の白く見えて、

2　さらに思ひ出《い》でたまふけしき見えで月日経ぬ。

▼接続助詞「で」「つつ」に気をつけて、傍線部を現代語訳しなさい。

3　十月《かんなづき》つごもりなるに、紅葉《もみぢ》散らで盛《さか》りなりけり。

4　この女見では、世にあるまじき心地のしければ、

5　よろづの人にも知らせ給《たま》はで、みそかに寮《つかさ》にいまして、

6　え起きあがり給はで、船底に臥し給へり。

7　野山にまじりて竹を取りつつ、よろづのことに使ひけり。

8　かく歌ふを聞きつつ漕ぎ来るに、

9　とかくしつつののしるうちに、夜ふけぬ。

10　かぐや姫を見まほしうて、物も食はず思ひつつ、かの家に行きて、

1	2	3	4	5	6	7	8	9	10
形	形								

助詞5　接続助詞「とも」「ども」

とも　**逆接の仮定条件**　（タトエ〜）テモ・トシテモ

ども　**逆接**　ケレドモ・ノニ

▼断定の助動詞「なり」を活用させて、空欄に入れなさい。

1　あやしき下臈《げらふ》（　　）ども、聖人の戒《いまし》めにかなへり。（あやしき…身分の低い）

2　われら義朝《よしとも》の子なれば、女子《によし》（　　）とも、終《つひ》にはよも助けられじ。

▼接続助詞「とも」「ども」に気をつけて、傍線部を現代語訳しなさい。

3　秋来《き》ぬと目にはさやかに見えねども風の音にぞおどろかれぬる

4　用ありて行きたりとも、そのこと果てなば、とく帰るべし。

5　唐《から》の物は、薬の他はなくとも事欠《ことか》くまじ。（事欠く…不自由する・困る）

6　いまだ誠《まこと》の道を知らずとも、縁《えん》を離れて身を閑《しづ》かにし、（誠の道…仏道）

7　文を書きてやれども、返りごともせず。

8　今は逃《に》ぐとも、よも逃がさじ。

9　「いづくなりとも、まかりなむ」と申したまひければ、（まかりなむ…行ってしまおう）

10　梅が枝《え》に来居《ゐ》る鶯《うぐひす》春かけて鳴けどもいまだ雪は降りつつ（春かけて…春になって）

10	9	8	7	6	5	4	3	2	1

助詞6　接続助詞「ものから」「ものを」

逆接　ケレドモ・ノニ・モノノ

▼接続助詞「ものから」「ものを」に気をつけて、傍線部を現代語訳しなさい。

1　石の階《きざはし》、松の柱、おろそかなるものから、めづらかにをかし。
（おろそかなる…簡素だ）

2　かたはらいたきものから、うれしと思《おぼ》す。
（かたはらいたき…恥ずかしい）

3　言少《ことずく》なるものから、御答《いら》へなど浅からず聞こゆ。
（浅からず…浅い気持ちでなく）

4　都出《い》でて君に逢はむと来しものを来しかひもなく別れぬるかな

5　「緑《ろく》をたまはらんと思ひつるものを、たまはらずなりぬること。」
（緑…ほうび／たまはら…いただく）

6　春の野に若菜摘《つ》まむと来しものを散りかふ花に道は惑《まど》ひぬ

7　月は有明《ありあけ》にて光収《をさ》まれるものから、影《かげ》さやかに見えて、
（有明…夜明け前の月／収まれる…なくなっている／影…姿）

8　（酒ヲ）痛ましうするものから、下戸《げこ》ならぬこそ男《をのこ》はよけれ。
（痛ましう…つらそうに／下戸…酒の飲めない人）

9　諸声《もろこゑ》に鳴くべきものを鶯《うぐひす》は正月《むつき》ともまだ知らずやあるらむ
（諸声に…同時に声を出して）

10　大納言《だいなごん》にもまさり給《たま》へるものを、世の人はせちに言ひ落とし聞こゆるこそいとほしけれ。
（給へる…〜ていらっしゃる／せちに…むやみに／聞こゆる…〜申し上げる／いとほしけれ…気の毒だ）

10	9	8	7	6	5	4	3	2	1

名作に親しむ❾『虫《むし》めづる姫君《ひめぎみ》』冒頭文

1蝶《てふ》めづる姫君《ひめぎみ》の住み給《たま》ふ傍《かたは》らに、按察使《あぜち》の大納言《だいなごん》の御むすめ、心にくくなべてならぬさまに、親たちかしづき給ふこと限りなし。

この姫君の宣《のたま》ふこと、「人々の、花、蝶《てふ》やとめづるこそ、はかなくあやしけれ。人は、まことあり、本地《ほんぢ》たづねたるこそ、心ばへをかしけれ」とて、2よろづの虫の、恐ろしげなるを取り集めて、「これが、成《な》らむさまを見む」とて、さまざまな籠箱《こばこ》どもに入《い》れさせ給ふ。中にも「烏毛虫《かはむし》の、心深きさましたるこそ心にくけれ」とて、明《あ》け暮《く》れは、耳はさみをして、手のうらにそへふせて、まぼり給ふ。

若き人々はおぢ惑《まど》ひければ、3男《を》の童《わらは》の、ものおぢせず、いふかひなきを召し寄せて、4箱の虫どもを取らせ、名を問ひ聞き、いま新しきには名をつけて、興《きよう》じ給ふ。

（『堤中納言物語』による）

問　格助詞「の」に気をつけて、傍線部1〜4を現代語訳しなさい。

（※）1　めづる…かわいがる
2　よろづの…いろいろな
3　男の童…召し使われる男の子（訳では「男の童」のままでよい）／いふかひなき…身分が低い

1	2	3	4

☆『堤《つつみ》中《ちゅう》納言《なごん》物語』は、平安後期に成立した作り物語です。「物語」といっても、一編の連続する長編ではなく、『はいずみ』『逢坂越えぬ権中納言』などの十の短編と未完成の断章からなる作品のことです。

十編の内容はそれぞれに多彩でユニークなものですが、中でもこの『虫めづる姫君』は特に有名です。主人公の姫君は、上流貴族でありながら、化粧を嫌い、服装や振る舞いなどにおいても伝統的な美意識に反逆する異端児で、毛虫をかわいがる変わり者です。現代に生きていたならば、個性的な女性として、さぞかし自分らしい人生を歩んだことでしょう。

平安中期の王朝物語文学には決して見られないヒロインの登場は、物語文学の新たな一歩です。

助詞7 副助詞「だに」

① **類推**　サエ
② **最小限の願望**　セメテ～ダケデモ

▼副助詞「だに」に気をつけて、傍線部を現代語訳しなさい。

1 夢をだに見ばや。（ばや…～たいなあ）

2 ものだに言はれず、ただ泣きに泣く。

3 「我に今一度、声をだに聞かせ給《たま》へ。」（聞かせ給へ…聞かせてください）

4 なでふ女が真名書《まなぶみ》は読む。むかしは経《きやう》を読むをだに、人は制しき。（なでふ…どうして／真名書…漢字の書物／制し…制止する）

5 「ものをだに聞こえむ。お声をだにしたまへ」と言ひけれど、（聞こえ…申し上げる）

6 さらに答《いら》へをだにせず。（さらに～ず…まったく～ない）

7 散りぬとも香《か》をだに残せ梅の花恋《こひ》しき時の思ひ出にせむ

8 この願《ぐわん》をだに成就《じやうじゆ》しなば、悲しむべきにあらず。

9 一文字《いちもんじ》をだに知らぬ者しが、（酔ッテ）足は十文字《じふもんじ》に踏みてぞ遊ぶ。（一文字…一という文字）

10 「光やある」と見るに、蛍《ほたる》ばかりの光だになし。（ばかり…ほど）

10	9	8	7	6	5	4	3	2	1

助詞8　副助詞「すら」「さへ」

すら　類推　サエ
さへ　添加　マデモ

▼副助詞「すら」「さへ」に気をつけて、傍線部を現代語訳しなさい。

1　聖《ひじり》などすら、前《さき》の世のことを夢に見るは、いと難《かた》かなるを、（聖…高僧）

2　草木すら春は生《お》ひつつ秋は散りゆく。

3　言《こと》問《と》はぬ木すら妹《いも》と兄《せ》とあり。（言問はぬ…物を言わない）

4　一昨日《をとつひ》も昨日も今日も見つれども明日さへ見まくほしき君かも（まくほしき…～たい）

5　白雪に羽うちかはし飛ぶ雁《かり》の数さへ見ゆる秋の夜《よ》の月（雁…渡り鳥の一種。秋に日本へ飛んでくる）

6　雨降りふぶきて、かみさへ鳴りてとどろくに、（かみ…雷）

7　いともの悲しと思ふに、時雨《しぐれ》さへうちそそく。（うちそそく…降る）

8　君さへつらくなるとは思はず。（つらく…冷淡に）

9　世になく清らなる玉の男御子《をのこみこ》さへ生まれ給《たま》ひぬ。（生まれ給ひぬ…お生まれになった）

10　涙をさへこぼして臥《ふ》したり。

1	2	3	4	5	6	7	8	9	10

助詞9 副助詞「ばかり」

① 限定　ダケ
② 程度　ホド・クライ

▼副助詞「ばかり」に気をつけて、傍線部を現代語訳しなさい。

1 三寸《ずん》ばかりなる人、いと美しうて居《ゐ》たり。

2 我ばかりかく思ふにや。（かく思ふにや…このように思うのだろうか）

3 有明《ありあけ》のつれなく見えし別れより暁《あかつき》ばかり憂《う》きものはなし（暁…夜明け前）

4 月影《かげ》ばかりぞ、八《や》重《へ》葎《むぐら》にもさはらずさし入りたる。（月影…月の光）

5 直衣《なほし》ばかりをしどけなく着なしたまひて、（しどけなく着なしたまひ…無造作に着なさる）

6 この二年《ふたとせ》ばかりぞかくてものしはべれど、

7 八つ、九つ、十《とを》ばかりなどの男児《をのこご》の、声はをさなげにて、

8 頸《くび》もちぎるばかり引きたるに、

9 夜中ばかりに、人皆《みな》、寝静まりはてて、

10 前栽《せんざい》の露《つゆ》こぼるばかり濡れかかりたるも、いとをかし。

10	9	8	7	6	5	4	3	2	1

助詞10　副助詞「し」「しも」

強意　訳出しなくてよい

▼副助詞「し」「しも」に気をつけて、傍線部を現代語訳しなさい。

1　ほのぼのと明石《あかし》の浦《うら》の朝霧《あさぎり》に島隠《しまがく》れゆく舟をしぞ思ふ
（島隠れゆく…島に見え隠れしながら進んで行く）

2　今日しも端《はし》におはしましけることかな。

3　急ぎしもせぬほどに月出《い》でぬ。
（ほど…うち・間）

4　桜花《さくらばな》散るを惜《を》しまぬ人しなければ、

5　この君をしもいとかなしうし奉《たてまつ》り給《たま》ふ。
（かなしうし奉り給ふ…かわいがり申し上げなさる）

6　とりたててはかばかしき後見《うしろみ》しなければ、
（はかばかしき後見…しっかりした後見人）

7　大空の月の光し清ければ影《かげ》見し水ぞまづ氷《こほ》りける
（清けれ…澄みわたっている）

8　今し、羽根といふ所に来ぬ。

9　春の海に秋の木の葉しも散れるやうにぞありける。

10　唐衣《からころも》きつつなれにしつましあればはるばるきぬる旅をしぞ思ふ

10	9	8	7	6	5	4	3	2	1

名作に親しむ⑩ 『小倉百人一首《おぐらひゃくにんいっしゅ》』

吹くからに　[1]秋の草木《くさき》の　しをるれば　むべ山風《やまかぜ》を　嵐《あらし》と言ふらむ　文屋《ふんやの》康秀《やすひで》

難波潟《なにはがた》　みじかき葦《あし》の　ふしの間《ま》も　[2]あはでこの世《よ》を　すぐしてよとや　伊勢《いせ》

小倉山《をぐらやま》　峰《みね》のもみぢ葉《ば》　[3]心あらば　今ひとたびの　行幸《みゆき》待たなむ　貞信公《ていしんこう》

夏の夜《よ》は　[4]まだ宵《よひ》ながら　明《あ》けぬるを　雲のいづこに　月宿《やど》るらむ　清原《きよはらの》 深養父《ふかやぶ》

※宵…夜に入ってすぐの時間帯。「夜中」に至るまでの間。訳は「宵」のままでよい。

君がため　惜《を》しからざりし　[5]命さへ　長くもがなと　思ひけるかな　藤原《ふじわらの》 義孝《よしたか》

[6]明けぬれば　暮《く》るるものとは　知りながら　なほ恨めしき　朝ぼらけかな　藤原《ふじわらの》 道信《みちのぶ》朝臣《あそん》

恨みわび　干《ほ》さぬ[7]袖《そで》だに　あるものを　恋に朽《く》ちなむ　名こそ惜しけれ　相模《さがみ》

[8]春の夜《よ》の　夢ばかりなる　手枕《たまくら》に　かひなく立たむ　名こそ惜しけれ　周防内侍《すおうのないし》

※春の夜は、短くはかないものとされている。

問　接続助詞・副助詞に気をつけて、傍線部1～8を現代語訳しなさい。

1	2	3	4	5	6	7	8

☆『小倉百人一首』は鎌倉時代前期に成立した藤原定家《ふじわらのていか》撰の和歌撰です。宇都宮頼綱《うつのみやよりつな》の京都嵯峨野の別荘、小倉山荘の襖《ふすま》色紙に載せるために、定家が頼綱から依頼を受けたのが成立のきっかけと言われています。内容は、上代《じょうだい》の天智天皇《てんじてんのう》から中世の順徳院《じゅんとくいん》までの百人の歌人の歌を一首ずつ取り上げたもので、『古今和歌集』をはじめとする勅撰集《ちょくせんしゅう》から歌が選ばれました。江戸時代以降のカルタの流行と相まって人々の間に広まり、今でも広く愛され続けています。

百人一首の人選や配列には謎が隠されているという意見もあります。百人の中にはあまり有名でない人物が選ばれていたり、また有名歌人の歌でも代表歌ではないものが取り上げられているというのがその理由ですが、本当のことは藤原定家のみぞ知るというところでしょう。

助詞11　終助詞「もがな・がな」「てしがな・にしがな」「ばや」

もがな・がな　**願望**　レバ（イイ）ナア・ガホシイナア

てしがな・にしがな　**願望**　タイナア

ばや　**願望**　タイナア

▼願望の終助詞に気をつけて、傍線部を現代語訳しなさい。

1　心ある友もがな。（心…風流心）

2　いかでとく都へもがな。（いかで…なんとかして／とく…はやく）

3　世の中にさらぬ別れのなくもがな。（さらぬ別れ…死別）

4　あはれ、よからむ敵《かたき》がな。（あはれ…ああ）

5　かの君達《きんだち》をがな。つれづれなるあそび敵《がたき》に。（君達…姫君達／あそび敵…遊び相手）

6　都に行きてしがな。

7　しばし心にまかせてもありにしがな。（心にまかせてもあり…自分の思い通りにもして暮らす）

8　かの男のがり行かばや。（のがり…～の所へ）

9　大将に聞かせばや。

10　「いましばしもあらばや」と思へど、出《い》で立つ。（いましばし…もうしばらくの間）

1	2	3	4	5	6	7	8	9	10

助詞12　終助詞「なむ」

希求・あつらえ　テホシイ　〈未然形接続〉

▼終助詞「なむ」に気をつけて、傍線部を現代語訳しなさい。

1　いつしか梅咲かなむ。　（いつしか…早く）

2　しばしも弾きたまはなむ。　（弾きたまは…お弾きになる）

3　惟光《これみつ》、とく参らなむ。　（とく…はやく）

4　いかにもいかにもかけて言はざらなむ。　（かけて…決して）

5　（中宮様ガ）入らせたまはぬ先に雪降らなむ。

6　桜花《さくらばな》、散るといふこと習はざらなむ。

7　萌《も》え出《い》づる春にあひたまはなむ。　（あひたまは…お会いになる）

8　糸鹿《いとか》の山の桜花《さくらばな》、散らずあらなむ。

9　かきくもり雨も降らなむ。

10　ことならば言《こと》の葉《は》さへも消えななむ見れば涙の滝まさりけり　（ことならば…同じことならば）

10	9	8	7	6	5	4	3	2	1

助詞13　終助詞「かな」「かし」「そ」

かな　**詠嘆《えいたん》**　**ダナア・コトヨ**
かし　**念押し**　**ヨ・ダヨ・ネ**
（な〜）そ　**柔《やわ》らかい禁止**　**スルナ・シテクレルナ**

▼終助詞「かな」「かし」「そ」に気をつけて、現代語訳しなさい。

1　人の心は愚かなるものかな。
2　いと美しかりつる児《ちご》かな。　（美しかり…かわいい）
3　限りなく遠くも来にけるものかな。
4　口《くち》惜《を》しきことぞかし。　（口惜しき…残念だ）
5　詠《よ》みつべくは、はよ言へかし。（詠みつべくは…詠むことができるのなら）
6　やがて尼《あま》になりぬかし。　（やがて…そのまま）
7　いま一度起こせかし。
8　夜の雨に涙な添へそ。
9　月な見たまひそ。　（見たまひ…御覧になる）
10　生駒《いこま》山、雲な隠しそ。

1	2	3	4	5	6	7	8	9	10

助詞14　係助詞「もぞ」「もこそ」

もぞ　～連体形。　危惧《きぐ》　スルトイケナイ・シタラ大変ダ

もこそ～已然形。　危惧《きぐ》　スルトイケナイ・シタラ大変ダ

▼係助詞「もぞ」「もこそ」に気をつけて、傍線部を現代語訳しなさい。

1　雨もぞ降る。

2　わづらはしきこともぞある。

3　けしからぬ者などはのぞきもぞする。

4　罪《つみ》もぞ得給《たま》ふ。　（得給ふ…得なさる）

5　おろそかなることもぞ。　（おろそかなる…不十分だ）

6　「人もこそ来れ」と思ふも、静心《しづこころ》なくて、

7　人あやしと見とがめもこそすれ。

8　烏《からす》などもこそ見つくれ。

9　聞きもこそすれ。

10　誤りもこそあれと、怪しむ人あり。

1	2	3	4	5	6	7	8	9	10

名作に親しむ⑪ 『宇治拾遺物語《うじしゅういものがたり》』 ちごのそら寝

これも今は昔、比叡《ひえ》の山に児《ちご》ありけり。僧たち、宵《よひ》のつれづれに、「いざ掻餅《かいもちひ》せん」といひけるを、この児、心寄せに聞きけり。『さりとて、し出《い》ださんを待ちて寝ざらんもわろかりなん』と思ひて、片方《かたかた》に寄りて、寝たる由《よし》にて出《い》で来《く》るを待ちけるに、すでにし出だしたるさまにて、ひしめき合ひたり。

この児、『さだめて驚《おどろ》かさんずらん』と待ちゐたるに、僧の、「物申し候《さぶら》はん。驚かせ給《たま》へ」といふを、『うれし』とは思へども、『ただ一度に答《いら》へんも、[1]待ちけるかともぞ思ふ』とて、『今一声《いまひとこゑ》呼ばれて答へん』と念じて寝たるほどに、「や、[2]な起こし奉《たてまつ》りそ。幼き人は寝入《い》り給ひにけり」といふ声のしければ、『あなわびし』と思ひて、『[3]今一度《いまいちど》起こせかし』と思ひ寝に聞けば、ひしひしとただ食ひに食ふ音のしければ、すべなくて、無期《むご》の後《のち》に、「えい」と答へたりければ、僧たち笑ふ事限りなし。

問　終助詞・係助詞に気をつけて、傍線部1～3を現代語訳しなさい。

（※）２　起こし奉り…お起こし申し上げる

1	2	3

☆　『宇治拾遺物語』は鎌倉時代前期に成立した説話集です。説話には仏教の教えを伝える目的で作られた〈仏教説話〉と、昔話や伝説などを広く集めた〈世俗説話〉とがありますが、『宇治拾遺物語』はそのどちらをも含んでいる作品です。全体に軽妙で読みやすい内容で、「こぶとりじいさん」「舌切り雀」「わらしべ長者」などのおなじみの昔話の原型と言える話も入っています。

「ちごのそら寝」では、僧たちが「かい餅」を食べる場面が出てきますが、この「かい餅」は、現在のぼた餅のようなものともそばがきのようなものとも言われており、はっきりとはわかりませんが、お米の粉や麦・粟・蕎麦などの粉を水でこねてお餅のようになるまで煮たものが一般に食べられていたようです。平安時代の末期には砂糖が輸入されていますが、今と違って貴重品でしたから、ぼた餅は特別のご馳走だったでしょう。

第4章　敬語

敬語の基礎

敬語は、誰かを敬うために用いられている。誰を敬うかによって種類が違う。

〔敬語の種類〕

尊敬《そんけい》語　―　動作主（主体）を高める敬語　〔現代語の例〕「先生がおっしゃる」

謙譲《けんじょう》語　―　動作の受け手（客体）を高める敬語　〔現代語の例〕「王様にいただく」

丁寧《ていねい》語　―　会話の聞き手や文の読者を高める敬語　〔現代語の例〕「豆大福がございます」

敬語を覚えるときは、必ず種類を確認して覚えよう！

〔敬語の訳し方の基本〕

尊敬語　―　オ～ニナル・～ナサル・～テイラッシャル　〔例〕歌、詠み給《たま》ふ。→〔訳〕歌を、お詠みになる。

謙譲語　―　（オ）～申シ上ゲル　〔例〕歌、詠み奉《たてまつ》る。→〔訳〕歌を、詠み申し上げる。

丁寧語　―　ゴザイマス・～マス・～デス　〔例〕歌、詠み侍《はべ》り。→〔訳〕歌を、詠みます。

↓P110 主要敬語動詞一覧

＊「召し上がる」「拝見する」など決まった表現があるものはそれを使うとよい。

〔本動詞と補助動詞〕

本動詞　―　それ自体が動作や状態を表している

補助動詞　―　それ自体は動作や状態を表さず、補助的な役割をしている

〔例〕そこらの黄金《こがね》たまひて、　↓〔訳〕多くの黄金をくださって、

本動詞

〔例〕この皇子《みこ》三つに なり たまふ年、　↓〔訳〕この皇子が三歳におなりになる年、

用言　補助動詞

〔例〕嬉《うれ》しき事の昨夜《よべ》はべりしを、　↓〔訳〕嬉しいことが昨夜ございましたのを、

本動詞

〔例〕頭《かしら》いと痛くて 苦しく はべれば、　↓〔訳〕頭がたいそう痛くて苦しいですから、

用言　補助動詞

〔敬意の方向〕

○誰から　　会話文中　―　会話の話し手から

　　　　　地《じ》の文中　―　作者から

○誰に対する　**尊敬語**　―　**動作主（主体）に対する敬意**を表す

　　　　　　謙譲語　―　**動作の受け手（客体）に対する敬意**を表す

　　　　　　丁寧語　―　**会話の聞き手や文の読者に対する敬意**を表す

尊敬語の場合は、「誰が?」と考える

謙譲語の場合は、「誰に?／誰を?」と考える

謙譲語は間違えやすいので注意!

敬語1 尊敬語（本動詞）

▼尊敬語に気をつけて、傍線部を現代語訳しなさい。

1 「ここにおはします」と言へば、

2 「かたじけなくなん」とのたまふ。（かたじけなくなん…もったいないことでございます）

3 「いとらうたし」とおぼす。（らうたし…愛らしい）

4 童《わらは》の姿どものをかしげなるをごらんず。（をかしげなる…かわいらしい様子）

5 御乳母《めのと》などを遣《つか》はしつつ、ありさまをきこしめす。

6 御几《き》帳《ちやう》ひき隔てておほとのごもる。

7 学生《がくしやう》十人をめす。

8 公《おほやけ》よりも多くの物たまはす。（公よりも…天皇からも）

9 僧都《そうづ》の君《きみ》・阿《あ》闍《ざ》梨《り》良光《よしみつ》の君おはす。

10 「いづれに落《お》つるにか」とのたまはす。

10	9	8	7	6	5	4	3	2	1

敬語2　謙譲語（本動詞）

▼謙譲語に気をつけて、傍線部を現代語訳しなさい。

1　客人《まらうど》にきこゆ。

2　御階《みはし》のもとに寄りて、花どもたてまつる。

3　大蔵卿《おほくらきやう》・蔵人《くらうど》、つかうまつる。

4　あはれなりつること、忍《しの》びやかに奏す。

5　「かうかうのこと侍《はべ》れば、内に遅くまゐる。」（かうかうのこと侍れば…こういう事情がございますので／内…内裏《だいり》）

6　この尼君《あまぎみ》、初瀬《はつせ》にまうづ。（初瀬…長谷寺）

7　禄《ろく》・品々たまはる。（禄…ほうび）

8　殿上人《てんじやうびと》あまたさぶらふ。

9　御くだものなど（中宮に）まゐらす。（御くだものなど…木の実などのおやつ）

10　いと興《きよう》あることをもうけたまはるかな。

10	9	8	7	6	5	4	3	2	1

敬語3 「候ふ」「侍り」（謙譲語・丁寧語）

▼傍線部「候ふ」「侍り」について、謙譲語か丁寧語かを答えなさい。

1 心ざしを励まして、強《し》ひて（源氏ノ君ニ）候《さぶら》ひつ。

2 夕《ゆふべ》まで（大臣ノ側ニ）侍《はべ》りて、罷《まか》り出《い》でける折に、

3 御前《ごぜん》にさぶらふ物は、御琴《こと》も御笛《ふえ》も、みな珍しき名つきてぞある。（御前…帝のお手許《てもと》）

4 「いかなる所にかこの木は候ひけむ。」

5 「目も見え侍らぬに、」

6 「今日しも、かしこく参りさぶらひにけり。」（今日しも…ちょうど今日／かしこく…うまい具合に）

7 帝《みかど》の御前《おまへ》に夜昼さぶらひたまひて、

8 「夜《よ》更《ふ》け侍りぬべし。」

▼傍線部を現代語訳しなさい。

9 「まろは端《はし》に寝侍らむ。」（まろ…私）

10 「年二十五にいたるまで、仏に侍りけり。」

10	9	8	7	6	5	4	3	2	1
		語	語	語	語	語	語	語	語

敬語4 敬語の種類

▼① 傍線部に含まれる敬語について、敬語の種類（尊敬語・謙譲語・丁寧語）を答えなさい。
② 傍線部を現代語訳しなさい。

1 この君にたてまつらむ。

2 「この夜《よ》さりなん渡りぬる」と答へはべり。（この夜さり…今夜）

3 綺羅《きら》などは人々にたまはす。（綺羅…美しい衣服／人々…女房たち）

4 昔、惟喬《これたか》の親王《みこ》と申す親王《しんわう》おはしましけり。

5 御土器《かはらけ》たまはりて、（土器…ここでは「酒杯」）

6 大臣《おとど》の君《きみ》、すこしおほとのごもりて、

7 母君、泣く泣く奏して、

8 「心憂《う》くこそ」などきこえて、御簾《みす》の前にゐ給《たま》へば、

9 内裏《うち》にも、「かかる人あり」ときこしめして、（かかる人…こんな人）

10 上にさぶらふ典侍《ないしのすけ》は、先帝《せんだい》の御時《おほんとき》の人にて、（上…天皇）

	①敬語の種類	②現代語訳
1	語	
2	語	
3	語	
4	語	
5	語	
6	語	
7	語	
8	語	
9	語	
10	語	

敬語5 本動詞と補助動詞

▼① 傍線部に含まれる敬語について、本動詞か補助動詞かを答えなさい。
② 敬語に気をつけて、傍線部を現代語訳しなさい。

1 御車のしりにて、二条院におはしましぬ。 （御車のしりにて…御車の後部に乗って）

2 らうがはしき大路《おほぢ》に立ちおはしまして、 （らうがはしき…混雑した）

3 玉の男《をのこ》皇子《みこ》さへ生まれたまひぬ。

4 さるべき物どもたまひ、 （さるべき物…謝礼にふさわしい物）

5 「いといみじ」と見たてまつりて、 （いといみじ…とても悲しい）

6 簾《すだれ》すこしあげて、花たてまつるめり。

7 薬の壺《つぼ》に御文《ふみ》添《そ》へてまゐらす。

8 宮もおはしますを見まゐらすれば、

9 御前《おまへ》にさぶらふ人々、ものいと心細くて、 （人々…女房たち）

10 とり殺さむと思ひさぶらふに、 （とり殺さむ…とりついて相手を殺そう）

	①	②現代語訳
1	動詞	
2	動詞	
3	動詞	
4	動詞	
5	動詞	
6	動詞	
7	動詞	
8	動詞	
9	動詞	
10	動詞	

敬語6　敬意の方向

▼傍線部の敬語について、①敬語の種類、②誰から誰に対する敬意かを答えなさい。

1　皇女《ひめみこ》たちなどもおはしませば、

2　（入道）「いかで、かかるついでにこの君に奉《たてまつ》らむ。」
（いかで…なんとかして／かかるついで…このような機会／この君…源氏の君）

3　上も聞こしめして、愛《め》でさせ給《たま》ひ、（上…天皇）

4　翁《おきな》、皇子《みこ》に申《まう》すやう、「いづこにかこの木はさぶらひけむ。」

5　上のおはしまして、大殿《おほとの》ごもりたり。（上…天皇）

6　（子）「ここにわが親を据ゑたてまつりて、拾ひ出でむ木の実をもまづまゐらせばや。」

7　（元輔《もとすけ》ガ）「しばし待て。君達《きんだち》に聞こゆべき事あり。」

8　母君も（天皇ニ）とみにえものものたまはず。（とみに…すぐに）

9　その日、式部《しきぶ》卿《きやう》の親王《みこ》亡せたまひぬるよし奏するに、

10　（玉鬘《たまかづら》ガ夕霧《ゆふぎり》ニ）「あやしくものあはれなるわざにはべりけれ。」

	①敬語の種類	②敬意の方向
1	語	作者　から　に対する敬意
2	語	から　に対する敬意
3	語	作者　から　に対する敬意
4	語	から　に対する敬意
5	語	作者　から　に対する敬意
6	語	から　に対する敬意
7	語	から　に対する敬意
8	語	作者　から　に対する敬意
9	語	作者　から　に対する敬意
10	語	から　に対する敬意

名作に親しむ⑫『竹取物語《たけとりものがたり》』ふじの山

中将《ちゆうじやう》、人々引き具《ぐ》して帰り参り[1]て、かぐや姫を、え戦ひとめずなりぬること、こまごまと奏す[2]。薬の壺《つぼ》に御文《ふみ》そへて参らす[3]。ひろげて御覧じ[4]て、いとあはれがらせ給《たま》ひて、物もきこしめさず[5]。御遊びなどもなかりけり。大臣《だいじん》・上達部《かんだちべ》を召して、「いづれの山か天に近き」と問はせ給ふに、ある人奏す。「駿河《するが》の国にあるなる山なむ、この都も近く、天も近く侍《はべ》る[6]」と奏す。これを聞かせ給ひて、

あふこともなみだにうかぶ我《わ》が身には死なぬ薬も何にかはせむ

かの奉《たてまつ》る[7]不死の薬に、文、壺具《ぐ》して御使《つかひ》に賜《たま》はす[8]。勅使《ちよくし》には、つきのいはがさといふ人を召し[9]て、駿河の国にあなる山の頂《いただ》きにもてつくべきよし仰せ給ふ。峰にてすべきやう教へさせ給ふ。御文、不死の薬の壺ならべて、火をつけて燃やすべきよし仰せ給ふ。そのよしうけたまはり[10]て、士《つはもの》ども

あまた具して山へのぼりけるよりなむ、その山を「ふじの山」とは名づけける。その煙《けぶり》、いまだ雲の中へ立ちのぼるとぞ、いひ伝へたる。

問　傍線部1～10の敬語の種類を答えなさい。

1	2	3	4	5	6	7	8	9	10
語	語	語	語	語	語	語	語	語	語

☆『竹取物語』は平安時代前期に成立したとされる伝奇物語（作り物語）です。

『源氏物語《げんじものがたり》』の中で「物語の出来《いでき》はじめの祖《おや》」として紹介された有名な作品で、皆さんも「かぐや姫」の名前は一度は耳にしたことがあるでしょう。作者や成立時代ははっきりとわかっていません。

問題文の最後には火口から煙が上っているという記述があり、作品成立の頃、富士山が活動期であったことがわかります。噴火の年代がわかる最も古い記録は、『続日本紀《しょくにほんぎ》』の天応元年（七八一年）の部分です。平安時代に入ってからも、延暦《えんりゃく》一九年～二一年（八〇〇年～八〇二年）には延暦噴火、貞観《じょうがん》六年（八六四年）に貞観噴火と呼ばれる噴火があったことが記録に残っています。そして、今でも富士山は活火山に分類されているのです。

敬語7 二重尊敬「せ給ふ」「させ給ふ」

天皇家の人や摂政・関白・大臣などが主語の場合に、「せ（尊敬の助動詞）＋給ふ（尊敬の補助動詞）」「させ（尊敬の助動詞）＋給ふ（尊敬の補助動詞）」などの敬意の高い尊敬表現を使うことがある。

ただし会話文中では、身分の低い人が主語の場合でも「尊敬＋尊敬」になることがあるので、注意が必要である。

また、「せ」「させ」が使役になることもあるので文脈から考える。

▼① 傍線部に含まれる助動詞「す」「さす」「しむ」を抜き出して、その意味を答えなさい。

② 抜き出した助動詞に気をつけて、傍線部を現代語訳しなさい。

1 主上《うへ》の御前《おまへ》の、柱に寄りかからせ給《たま》ひて、すこし眠《ねぶ》らせ給《たま》ふを、（主上の御前…天皇）

2 関白殿《くわんばくどの》、黒戸《くろど》より出《い》でさせ給ふとて、

3 （皇子ガ）七つになり給へば、（天皇ハ）読書始《とくしよはじめ》などせさせたまひて、

4 一条院の、十一にて御元服《げんぶく》せしめたまひしに、

5 （内大臣殿ハ）夜《よ》うちふくるほどに題出《い》だして、女房《にやうばう》にも歌詠《よ》ませ給ふ。

6 「勝たせじと思《おぼ》しけるらん」と上《うへ》も笑はせおはします。（上…天皇）

7 （道真ガ）鐘《かね》の声を聞こし召《め》して、作らしめたまへる詩ぞかし。（道真…当時の右大臣）

8 （源氏ノ君ガ）中将の帯をひき解きて脱《ぬ》がせたまへば、

9 二月《きさらぎ》の二十日《はつか》あまり、（帝ガ）南殿《なでん》の桜の宴《えん》せさせたまふ。

10 黒戸《くろど》に殿上人《てんじやうびと》いと多く居《ゐ》たるを、上《うへ》の御前《おまへ》聞かせおはしまして、（上の御前…天皇）

	①助動詞・意味		②現代語訳
1			
2			
3			
4			
5			
6			
7			
8			
9			
10			

敬語8　二つの方向への敬意（謙譲＋尊敬）

一つの動作に二種類以上の敬語が付くことがあるが、敬意の方向は、P83の基本通りにそれぞれの敬語について考えればよい。

〔例〕　母后が四の宮を、かしづき（大切にする）聞こえ給ふ。

謙譲・補助動詞（聞こえ）　尊敬・補助動詞（給ふ）

謙譲語「聞こえ」…「誰を」大切にするのか、動作の受け手を考える。
尊敬語「給ふ」……「誰が」大切にするのか、動作主を考える。

〔答〕　聞こえ…四の宮に対する敬意
給ふ……母后に対する敬意

▼①　傍線部ア・イについて、それぞれ誰に対する敬意を表しているか答えなさい。
②　敬語に気をつけて、波線部を現代語訳しなさい。

1　（カグヤ姫ハ）いみじく静かに、公《おほやけ》に御文《ふみ》奉り給ふ。（公…天皇）

2　淑景舎《しげいさ》、春宮《とうぐう》に参り給ふほどの事など、（参り…妃として参内する）

3　（源氏ノ君ハ）宮に御消息《せうそこ》聞こえたまふ。（御消息…ご連絡）

4　（僧都ガ）世の中の事ども奏したまふついでに、

5　（入道殿ガ春宮《とうぐう》ニ）「さ思《おぼ》し召《め》すべきぞ」と啓し給ふに、

6　殿《との》、内にまゐりたまひて、大宮にも申させたまひければ、

7　（道兼ガ天皇ヲ）土御門《つちみかど》より東《ひんがし》ざまに率《ゐ》て出《い》だしまゐらせたまふに、

8　（大将ノ君ハ）秋の野も見たまひがてら、雲林院《うりんゐん》に詣でたまへり。（雲林院…寺の名）

9　いづれの御時《おほんとき》にか、女御《にようご》・更衣《かうい》あまたさぶらひ給ひける中に、（御時…天皇の御時代）

10　五六日過ぎて、中宮（宮中ヲ）まかでさせたまふ。（中宮…天皇の妻・皇后）

	①敬意の方向 ア	①敬意の方向 イ	②現代語訳
1			
2			
3			
4			
5			
6			
7			
8			
9			
10			

敬語9 二種類の「給ふ」

尊敬の「給ふ」（四段活用）

は	ひ	ふ	ふ	へ	へ

謙譲の「給ふ」（下二段活用）

へ	へ	○	ふる	ふれ	○

謙譲の「給ふ」には、次の特徴がある。

a 会話文（手紙文）中のみで用いられる
b 「思ふ・見る・聞く・知る」だけにつく
c 主語は話し手自身（私）である
d 訳し方は「～マス・～デス」

▼① 傍線部に含まれる「給《たま》ふ」について、尊敬語か謙譲語かを答えなさい。
② 敬語に気をつけて、傍線部を現代語訳しなさい。

1 対面《たいめ》し給はむとて、
2 いかで尋《たづ》ねむと思ひたまふるを、
3 十二にて元服《げんぷく》したまふ。
4 御ありさまを見給ふれば、
5 桜の散り過ぎたる枝に付け給へり。
6 「さもや染《し》みつかむ」とあやふく思ひたまへり。
7 賢《かしこ》き女の例をなむ見たまへし。
8 頭《とう》の君、まめやかに「おそし」と責めたまへば、
9 とかく聞きたまへど、御心も動かずぞありける。
10 「あるじの女《むすめ》多かり」と聞き給へて、

	①敬語の種類	②現代語訳
1	語	
2	語	
3	語	
4	語	
5	語	
6	語	
7	語	
8	語	
9	語	
10	語	

敬語10　二種類の「奉る」「参る」

尊敬の「奉《たてまつ》る」……召シ上ガル・オ召シニナル・オ乗リニナル

謙譲の「奉る」……サシアゲル・（オ）～申シ上ゲル・～テサシアゲル・オ～スル

尊敬の「参る」……召シ上ガル

謙譲の「参る」……参上スル・参詣スル・サシアゲル・（貴人ニ何カヲ）シテサシアゲル

▼①　傍線部に含まれる「奉る」「参る」について、尊敬語か謙譲語かを答えなさい。

②　敬語に気をつけて、傍線部を現代語訳しなさい。

1　「まかではべりぬる」とて御文《ふみ》奉る。

2　御装束《さうぞく》をもやつれたる狩《かり》の御衣《おんぞ》を奉り、（やつれたる…目立たない）

3　候《さぶら》ふ人々、みな手を分《わか》ちて求め奉れども、（求め…探し求める）

4　（源氏ノ君ガ）御車に奉るほど、（ほど…時）

5　「壺《つぼ》なる御薬たてまつれ。御心地《ここち》悪《あ》しからむものぞ。」（むものぞ…に違いない）

6　二条の后《きさき》に忍《しの》びて参りけるを、

7　人々、大御酒《おほみき》などまゐるほど、（人々…殿上人たち／大御酒…お酒／ほど…時）

8　「なほ少し心を静めたまひて、御湯まゐり、物などをもきこしめせ。」（御湯…お薬湯／物…食べ物）

9　殿上人《てんじやうびと》あまた御送りに参る中に見つけ給ひて、（御送り…お見送り）

10　初瀬《はつせ》に参りしに、水鳥のひまなくたち騒ぎしが、（初瀬…長谷寺）

	①敬語の種類	②現代語訳
1	語	
2	語	
3	語	
4	語	
5	語	
6	語	
7	語	
8	語	
9	語	
10	語	

識別の基礎

◎識別問題は、傍線部そのものを見ていてもわからない。傍線部の上下に着目しよう。

A　まず用言（動詞・形容詞・形容動詞）と体言をさがす

宮仕へにいだしたてば死ぬべし

①ここに傍線があっても、まず用言をさがす

②動詞に着目！　ナ変動詞「死ぬ」

B　用言・体言の一部でなければ、傍線部の上が何形なのか、接続を見る

雷落ちかかりぬべし。

③「ぬ」の上が動詞の連用形！　「ぬ」は完了の助動詞

C　上の活用形などからわからなければ、傍線部の下からも考えてみる

火に焼けぬことよりも、

④上の動詞は下二段活用なので、未然形か連用形かわからない

⑤「ぬ」の下が体言！　この「ぬ」は連体形だ！　「ぬ」は打消の助動詞

識別問題には、ここまでに学習してきた用言や助動詞や助詞の知識が必要である。
識別問題がうまく解けない場合は、もとの用言や助動詞・助詞の学習に戻って、練習をやり直そう。

〈学習するときの注意点〉

P98の例　赤で示したポイントに注意しながら、問題を解こう。

太字のところは重要ポイント

識別1　「ぬ」の識別

A　ナ変動詞の活用語尾　…　**「死ぬ」「いぬ」**

〔例〕いぬ

いな	いに	いぬ	いぬる	いぬれ	いね

B　**打消の助動詞「ず」の連体形**　…　**上接語**が未然形　～ナイ

○	ず	ず	ぬ	ね	○
ざら	ざり	○	ざる	ざれ	ざれ

C　完了の助動詞「ぬ」の終止形　…　上接語が**連用形**　～タ・～テシマッタ

な	に	ぬ	ぬる	ぬれ	ね

まず用言から見よう

「上接語」とは、上に接続する語のこと

活用表を見ながら、確認しよう

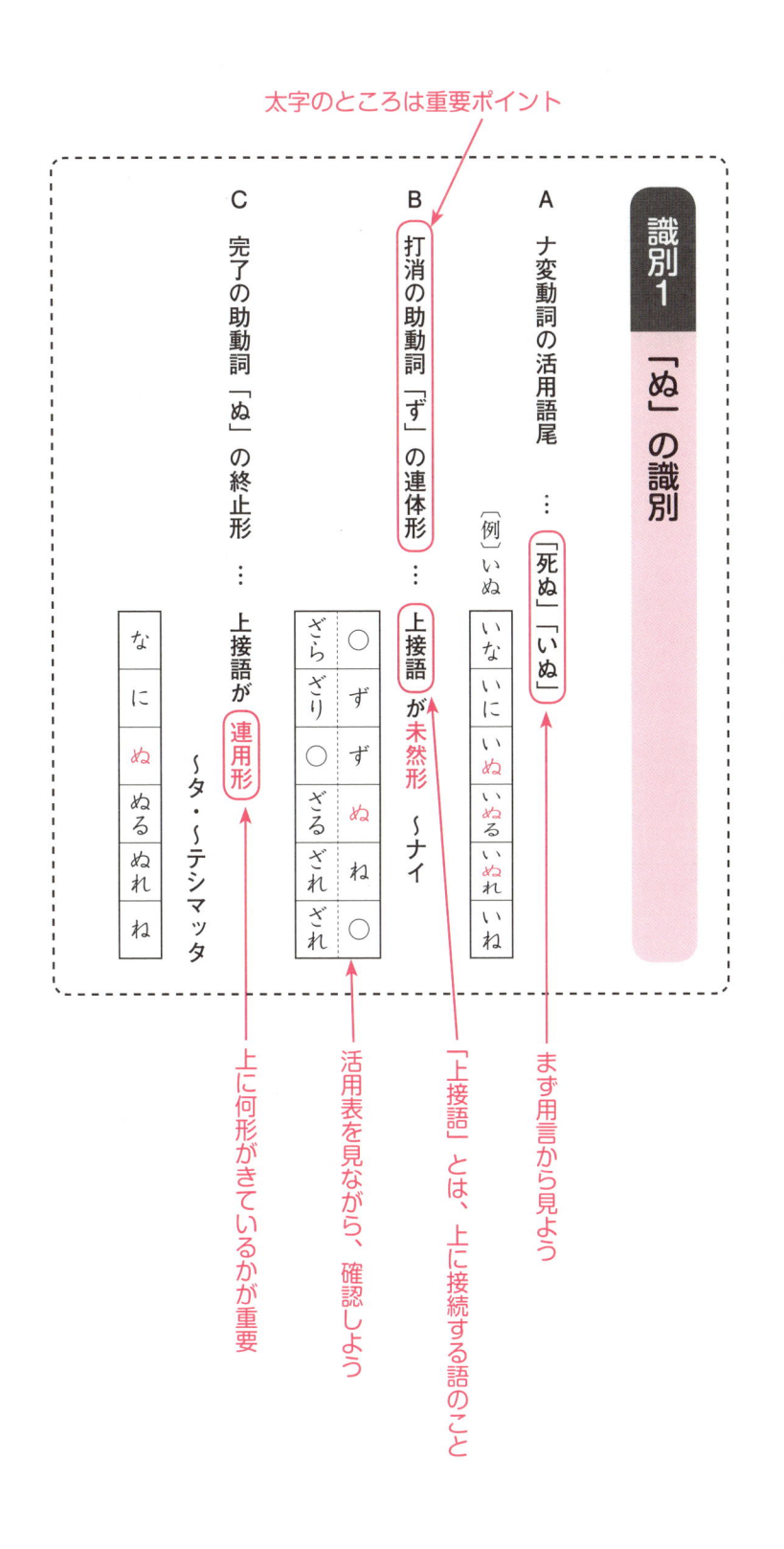

上に何形がきているかが重要

識別1 「ぬ」の識別

A ナ変動詞の活用語尾 … 「死ぬ」「いぬ」

〔例〕いぬ

いな	いに	いぬ	いぬる	いぬれ	いね

B 打消の助動詞「ず」の連体形 … 上接語が未然形 ～ナイ

○	ず	ず	ぬ	ね	○
ざら	ざり	○	ざる	ざれ	ざれ

C 完了の助動詞「ぬ」の終止形 … 上接語が連用形 ～タ・～テシマッタ

な	に	ぬ	ぬる	ぬれ	ね

▼傍線部「ぬ」の文法的説明にあてはまるものを、後の選択肢から選びなさい。

1 こなたには火もともさぬに、

2 はやうにこの村を去りぬ。

3 今年の秋もいぬめり。

4 その声なむ若からぬ。

5 暮れはてつれば、参りぬ。

6 風波やまぬ海に出《い》でて、

7 病《やまひ》して死ぬとて詠《よ》みたりける歌。

8 かれこれ、知る知らぬ、送りす。

9 来ぬ人待ちて、

10 とかくしつつののしるうちに、夜ふけぬ。

ア ナ変動詞の活用語尾

イ 打消の助動詞

ウ 完了の助動詞

1	2	3	4	5	6	7	8	9	10

識別2 「なり」の識別

A　動詞「なる」…「成り」「鳴り」などの漢字があてはまる

B　伝聞・推定の助動詞「なり」…上接語が**終止形**（ラ変型には連体形）
〜ソウダ・〜ヨウダなど

C　断定の助動詞「なり」…上接語が**体言・連体形**など
〜デアル・〜ダなど

D　形容動詞の活用語尾…「〜なり」で一語／物事の性質・状態を表す
「〜らなり」「〜かなり」「〜げなり」の形など

▼傍線部の文法的説明にあてはまるものを、後の選択肢から選びなさい。

1　男もすなる日記《にき》といふものを、

2　女もしてみむとてするなり。

3　皇子《みこ》もいとあはれなる句を作りたまへるを、

4　冬なれど、帷子《かたびら》をなむ着たりける。

5　御目の悩みさへ、このごろ重くならせ給《たま》ひて、　　（悩み…病気）

6　鶯《うぐひす》ぞ鳴きて往《い》ぬなる。

7　つれづれと降り暮らして、しめやかなる宵《よひ》の雨に、

8　中将《ちゆうじやう》の声《こわ》づくるにぞあなる。　　（声づくる…改まった声をだす）

9　いづこにてか一人笛吹くなり。

10　新都《しんと》はいまだならず。

ア　動詞
イ　伝聞・推定の助動詞
ウ　断定の助動詞
エ　形容動詞の活用語尾

10	9	8	7	6	5	4	3	2	1

識別3 「なむ(なん)」の識別

A ナ変動詞の活用語尾＋助動詞「む(ん)」(※) …「死なむ」「いなむ」

B 完了(強意)の助動詞「ぬ」の未然形＋推量などの助動詞「む(ん)」(※) …上接語が**連用形**

キット〜ダロウ・〜テシマウダロウなど

C 係助詞「なむ(なん)」 訳出しなくてよい …上接語は不定

D 終助詞「なむ(なん)」 〜テホシイ …上接語が未然形

※A・Bの助動詞「む(ん)」の意味は、推量・意志・婉曲などの判断が必要 (→P42助動詞「む(ん)」)

※Cの係助詞「なむ(なん)」は、体言・連体形・助詞・副詞など、いろいろな語に接続する

※「形容詞(型活用語)の連用形＋なむ(なん)」には注意が必要

・「うつくしかりなむ」のように補助活用に付くときは、B(助動詞＋助動詞)
・「うつくしくなむ」のように、本活用に付くときは、C(係助詞)

これは、形容動詞(型活用語)・助動詞「ず」にもあてはまる
具体的には、「〜くなむ・〜になむ・〜ずなむ」の音の場合、「なむ」は係助詞

▼傍線部「なむ」の文法的説明にあてはまるものを、後の選択肢から選びなさい。

1 髪《かみ》もいみじく長くなりなむ。
2 その人、かたちよりは心なむまさりたりける。
3 追風《おひかぜ》止まず吹かなむ。
4 酒をくらひつれば、とくいなむ。
5 橋を八つ渡《わた》せるによりてなむ、八橋《やつはし》と言ひける。
6 心ならずまかりなむ。
7 いつしか梅咲かなむ。
8 子《ね》の刻《こく》にはおはしまし着きなむ。
9 夜《よ》の間《ま》の風もうしろめたくなむ。
10 祭とくせなむ。

ア ナ変動詞の活用語尾＋「む」　イ 助動詞＋助動詞
ウ 係助詞　エ 終助詞

1	2	3	4	5	6	7	8	9	10

識別4 「る」「れ」の識別

A　助動詞「る」…　上接語が四段・ナ変・ラ変の未然形
（上接語の末尾の母音がa音）

れ	れ	る	るる	るれ	れよ

①　受身　「～に（by）」　～レル・～ラレル
②　可能　否定文・反語文　～コトガデキル
③　自発　心情表現・知覚表現　ツイ～スル・～セズニハイラレナイ
④　尊敬　主語に対する敬意　オ～ニナル・～ナサル

B　助動詞「り」…　上接語がサ変の未然形・四段の已然形
（上接語の末尾の母音がe音）

ら	り	り	る	れ	れ

完了・存続　～テイル・～テアル・～タ

▼傍線部「る」「れ」の文法的説明にあてはまるものを、後の選択肢から選びなさい。

1　物は少し覚ゆれども、腰《こし》なむ動かれぬ。
2　男をば、女に笑はれぬやうに、おほし立つべし。
3　筆を執《と》ればもの書かれ、楽器を取れば音《ね》を立てんと思ふ。
4　しつべき人もまじれれど、物をのみ食ひて夜ふけぬ。（しつべき人…返歌を作れそうな人）
5　この御事のみいとほしく嘆かる。（いとほしく…気の毒に）
6　滝口《たきぐち》にさへ笑はる。（滝口…警護の武士）
7　この男君達《きんだち》、みな宰相《さいしやう》ばかりまでぞなりたまへる。
8　いと心憂《う》き身なれば、死なむと思ふにも死なれず。
9　大将、福原にこそ帰られけれ。
10　海の上にただよへる山、いと大きにてあり。

ア　受身の助動詞　イ　可能の助動詞　ウ　自発の助動詞
エ　尊敬の助動詞　オ　完了・存続の助動詞

1	2	3	4	5	6	7	8	9	10

識別5 「に」の識別

A　ナ変動詞の活用語尾　…「死に」「いに」

B　形容動詞の活用語尾　…「〜に」で一語／物事の性質・状態を表す
「〜らに」「〜かに」「〜げに」の形など

C　完了の助動詞「ぬ」の連用形　…上接語が連用形
「にけり」「にき」の形など

な	に	ぬ	ぬる	ぬれ	ね

D　断定の助動詞「なり」の連用形　…上接語が体言・連体形など
「に＋（助詞）…あり」の形が多く「〜デ（アル）」の意味

○	に	○	○	○	○
なら	なり	なり	なる	なれ	なれ

E　格助詞「に」　…上接語が体言・連体形
時・場所・対象などを表す

▼傍線部「に」の文法的説明にあてはまるものを、後の選択肢から選びなさい。

1　人の与ふる恥にあらず。
2　そのゆゑに、この名をつけにけり。
3　世のおぼえはなやかなる御方々にも劣らず。
4　人の見るべきにもあらず。
5　春ごろ鞍馬《くらま》にこもりたり。　（鞍馬…京の山奥の地名）
6　月は山の端《は》にかかりにたり。
7　月も入りぬるにや、あはれなる空をながめつつ、
8　とかく直しけれども、終《つひ》に回らで、いたづらに立てりけり。
9　「逢坂《あふさか》」の歌は、返しもえせずなりにき。
10　やがて去《い》にけり。

ア　ナ変動詞の活用語尾　　イ　形容動詞の活用語尾
ウ　完了の助動詞　　エ　断定の助動詞
オ　格助詞

10	9	8	7	6	5	4	3	2	1

識別6　「らむ（らん）」の識別

A　助動詞「らむ（らん）」　…上接語の末尾の母音がu音

◎「たてまつらむ」「仕うまつらむ」は例外

B　助動詞「り」の未然形＋助動詞「む（ん）」（※）
…上接語の末尾の母音がe音

C　活用語の未然形の一部＋助動詞「む（ん）」（※）
…上接語の末尾の母音が、u音・e音以外

※B・Cの助動詞「む（ん）」の意味は、推量・意志・婉曲などの判断が必要
（→P42 助動詞「む（ん）」）

▼傍線部「らむ」の文法的説明にあてはまるものを、後の選択肢から選びなさい。

1　傍《かた》への人、憎しと聞くらむかし。
2　轟《とどろき》の滝は、いかにかしがましく恐ろしからむ。
3　たなばたつめに宿借らむ。（たなばたつめ…七夕の織姫）
4　生《い》けらむほどは、武《ぶ》に誇るべからず。（武…勇猛さ）
5　宵《よひ》もや過ぎぬらむと思ふほどに、
6　ここなる物取り侍《はべ》らむ。
7　比《ひ》叡《え》の山を二十《はたち》ばかり重ねあげたらむほどして、
8　文《ふみ》しなければ、知らずやあるらむ。
9　つれづれにこもらせ給《たま》へらむ程、
10　内々《うちうち》は心やましきことも多かるらむ。

ア　助動詞「らむ」
イ　助動詞「り」の未然形＋助動詞「む」
ウ　動詞の一部＋助動詞「む」
エ　形容詞の一部＋助動詞「む」
オ　助動詞の一部＋助動詞「む」

1	2	3	4	5	6	7	8	9	10

名作に親しむ⑬ 『奥《おく》の細道《ほそみち》』冒頭文

月日は百代《はくたい》の過客《くわかく》にして、行《ゆ》きかふ年《とし》も又旅人なり。舟の上に生涯をうかべ、馬の口とらえて老《おい》をむかふる[1]ものは、日々《ひび》旅にして旅を栖《すみか》とす。古人《こじん》も多く旅に死せる[2]あり。予《よ》もいづれの年よりか、片雲《へんうん》の風にさそはれて[3]、漂泊《へうはく》の思ひやまず、海浜《かいひん》にさすらへ、去年《こぞ》の秋、江上《かうしやう》の破屋《はをく》に蜘蛛《くも》の古巣《ふるす》をはらひて、やや年も暮れ[4]、春立てる[5]霞《かすみ》の空に、白河の関《せき》こえんと、そぞろ神《がみ》のものにつきて心をくるはせ、道祖神《だうそじん》のまねきにあひて、取るもの手につかず。もも引《ひき》の破れをつづり、笠《かさ》の緒《を》付けかへて、三里《さんり》に灸《きう》すうる[6]より、松島の月まづ心にかかりて、住める[7]方《かた》は人に譲り、杉風《さんぷう》が別墅《べつしよ》に移るに、

草の戸も住み替はる代《よ》ぞひなの家

面八句《おもてはつく》を庵《いほり》の柱に懸《か》け置く。

問　傍線部1～7の「る」「れ」の文法的説明として正しいものを選びなさい。ただし、同じ記号を何度用いてもよい。

ア　動詞の一部
イ　受身の助動詞
ウ　可能の助動詞
エ　自発の助動詞
オ　尊敬の助動詞
カ　完了・存続の助動詞

1	2	3	4	5	6	7

☆『奥の細道』は江戸時代前期に成立した松尾芭蕉の紀行文です。

松尾芭蕉は三八歳の時に、江戸の大火事で自宅を焼失してしまいます。その時にこの世のよるべなさを知り、以後は旅から旅へと風狂の旅の詩人として生きる人生を選びます。『野《の》ざらし紀行《きこう》』『笈《おい》の小文《こぶみ》』『更科《さらしな》紀行《きこう》』の旅を経た後、四五歳の時に、およそ百五十日、六百里（約二四〇〇キロ）におよぶ『奥の細道』の旅に出発しました。

『奥の細道』は、東京都—埼玉県—栃木県—福島県—宮城県—岩手県—山形県—秋田県—山形県—新潟県—富山県—石川県—福井県—岐阜県にわたる行程です。現代でもこれだけ旅をしようと思ったら大変でしょう。けれど『奥の細道』の魅力はただの旅日記ではない点にあります。距離だけで言えば、当時もっと長い旅をして、それを本に書いた人もいました。それに較べると芭蕉の移動範囲はむしろ狭いとも言えます。それでも『奥の細道』が圧倒的人気を誇ったのは、それが単なる記録文ではなく、芭蕉の人生観を表す格調高い文章の中に珠玉の句が散りばめられた芸術作品であったからです。

助動詞一覧（重要なもののみ）

	主な意味（職能）	訳し方
き	（体験）過去	～タ
けり	①（伝聞）過去	～タ
	②詠嘆	～タナア・～コトヨ
ず	打消	～ナイ
つ ぬ	①完了	～タ・～テシマッタ
	②強意	キット～・マサニ～ ～テシマウ
たり り	完了・存続	～テイル・～テアル・～タ
る らる	①受身	～レル・～ラレル
	②可能	～コトガデキル
	③自発	自然ト・ツイ～スル ～セズニハイラレナイ
	④尊敬	オ～ニナル・～ナサル
す さす しむ	①使役	～セル・～サセル
	②尊敬	オ～ニナル・～ナサル

	主な意味（職能）	訳し方
む（ん） むず（んず）	①推量	～ダロウ
	②意志	～ヨウ・～ツモリダ
	③婉曲 仮定	～ヨウナ ～トシタラ、ソレハ
	④適当 勧誘	～ガヨイ ～テハドウカ
じ	①打消推量	～ナイダロウ・～マイ
	②打消意志	～ナイデオコウ・～マイ
らむ（らん）	①現在推量	（今頃）～テイルダロウ
	②現在の原因推量	（ドウシテ）～テイルノダロウ
	③現在の伝聞・婉曲	～トカイウ・～ヨウナ
けむ（けん）	①過去推量	～タダロウ
	②過去の原因推量	（ドウシテ）～タノダロウ
	③過去の伝聞・婉曲	～タトカイウ・～タヨウナ
らし	推定	～ラシイ

	主な意味（職能）	訳し方
べし	①推量	～ニチガイナイ ～（シ）ソウダ・～ダロウ
	②当然・義務	～ハズダ ～ナケレバナラナイ
	③適当	～ガヨイ
	④命令	～セヨ
	⑤意志	～ツモリダ
	⑥可能	～コトガデキル
まじ	①打消推量	～ナイダロウ
	②打消当然	～ハズガナイ
	③不適当	～ナイ方ガヨイ
	④禁止	～スルナ・～シテハナラナイ
	⑤打消意志	～ナイツモリダ
	⑥不可能	～コトガデキナイ

	主な意味（職能）	訳し方
たり	断定	～ダ・～デアル
なり（断定）	①断定	～デアル・～ダ
	②存在	～ニアル・～ニイル
なり（伝聞・推定）	①伝聞	～トカイウ・～（スル）ソウダ
	②推定	～ヨウダ
めり	①推定	～ヨウダ
	②婉曲	～ヨウダ
まし	①反実仮想	～ダッタナラバ、…ダッタロウ（ニ）
	②ためらいの意志	～シヨウカシラ ～シタモノダロウカ
	③反実願望	～スレバヨカッタノニ
まほし たし	願望	～タイ
ごとし	同等 比況 例示	～ト同ジダ ～ニ似テイル （タトエバ）～ノヨウダ

注意が必要な助詞の用法（重要なもののみ）

格助詞

	意味など	訳し方
の	主格	ガ
	連体格	ノ
	同格	デ
	準体格	ノモノ
	連用修飾	ノヨウニ
が	連体修飾	ノ
	主格	ガ
より	起点	カラ
	通過点	ヲ通ッテ
	手段・方法	デ
	即時	（スル）トスグニ・（スル）ヤイナヤ
にて	場所・時間	デ・ニ
	手段・方法	デ
	原因・理由	デ・ニヨッテ
	状態・資格	デ・トシテ
して	使役の対象	ヲ使ッテ・ニ命ジテ
	手段・方法	デ・ヲ使ッテ
	人数・範囲	デ
とて	引用	トイッテ・ト思ッテ

接続助詞

	意味など	訳し方
未然形＋ば	仮定条件	（モシ〜）ナラバ
已然形＋ば	確定条件（原因・理由）	ノデ・カラ
	確定条件（単純接続）	ト・トコロ
て	単純接続	テ・（ノ）状態デ
で	打消接続	ナイデ・ナクテ
つつ	反復	テハ・ナガラ
	並行・継続	続ケテ・ナガラ
ながら	動作の並列	シツツ・ナガラ
	逆接	ケレドモ・ノニ
	状態の継続（＊）	ママ・ママデ
	数のまとめ（＊）	全部・トモ（数詞に付く）
とも	逆接の仮定条件	（タトエ〜）テモ・トシテモ
ども	逆接	ケレドモ・ノニ
ものを ものから ものゆゑ	逆接	ケレドモ・ノニ・モノノ
	順接	ノデ・カラ
を に	逆接	ケレドモ・ノニ
	順接	ノデ・カラ
	単純接続	ガ・ト

＊ この用法を接尾語と考える説もある。

副助詞

	意味	訳し方
すら	類推	サエ
だに	類推	サエ
	最小限の願望	セメテ〜ダケデモ
さへ	添加	マデモ
のみ	限定	ダケ・バカリ
ばかり	限定	ダケ
	程度	ホド・クライ
し・しも	強意	訳出しなくてよい

終助詞

	意味	訳し方
ばや	願望	タイナア
てしがな にしがな	願望	タイナア
がな もがな	願望	レバ（イイ）ナア・ ガホシイナア
未然形＋なむ	希求・あつらえ	テホシイ
かな	詠嘆	ダナア・コトヨ
かし	念押し	ヨ・ダヨ・ネ
（な〜）そ	柔らかい禁止	スルナ・シテクレルナ

係助詞

	意味	訳し方
ぞ・なむ・こそ	強意	訳出しない
こそ〜已然形、	逆接	ケレドモ・ノニ
や・か	疑問	カ
	反語	カ、イヤ〜デナイ
やは・かは	反語が多い	カ、イヤ〜デナイ
もぞ〜連体形。 もこそ〜已然形。	危惧	スルトイケナイ・ シタラ大変ダ
は・も	強調など	ハ・モ
くは（＊1）	順接の仮定条件	ナラバ
ずは（＊1）	打消の仮定条件	ナイナラバ
をば（＊2）	「を」の強調	ヲ

＊1　この「は」を接続助詞と考える説もある。
＊2　この「ば」は「は」の濁音化したもの。

間投助詞

	意味	訳し方
や（＊）	詠嘆	ダナア・コトヨ
	呼びかけ	ヨ

＊　この用法を係助詞と考える説もある。

主要敬語動詞一覧

本動詞

主な尊敬語の本動詞

敬語動詞	もとの動詞	現代語訳例
あそばす	す・遊ぶ	ナサル・演奏ナサル・オ詠ミニナル
います	あり・をり・行く・来《く》	イラッシャル
いまそがり いますがり	あり・をり	イラッシャル
おはします おはす	あり・をり・行く・来《く》	イラッシャル
大殿籠《おほとのごも》る	寝《ぬ》・寝《い》ぬ	オ休ミニナル
思《おぼ》す 思《おぼ》しめす	思ふ	オ思イニナル
聞こしめす	聞く 飲む・食ふ	オ聞キニナル 召シ上ガル
ご覧ず	見る	ゴ覧ニナル
しろしめす	知る 領《し》る	ゴ存ジデアル 統治ナサル
賜《たま》はす たまふ	与ふ	オ与エニナル・クダサル

奉《たてまつ》る	飲む・食ふ 着る 乗る	召シ上ガル オ召シニナル オ乗リニナル
参《まゐ》る	飲む・食ふ	召シ上ガル
つかはす	やる・与ふ・贈る	オヤリニナル・オ与エニナル・オ贈リニナル
のたまふ のたまはす 仰《おほ》す 仰《おほ》せらる	言ふ	オッシャル
召す	呼ぶ 取り寄す 飲む・食ふ 着る 乗る	オ呼ビニナル オ取リ寄セニナル 召シ上ガル オ召シニナル オ乗リニナル

主な謙譲語の本動詞

敬語動詞	もとの動詞	現代語訳例
承《うけたまは》る	受く 聞く	オ受ケスル オ聞キスル
聞《き》こゆ 聞《き》こえさす 申《まう》す	言ふ	申シ上ゲル
奏《そう》す 啓《けい》す	言ふ 言ふ	（天皇・上皇・法皇ニ）申シ上ゲル （中宮（皇后）・東宮（皇太子）ニ）申シ上ゲル
奉《たてまつ》る 参《まゐ》らす	与ふ	サシアゲル
たまはる	受く・もらふ	イタダク
仕《つか》うまつる 仕《つか》へまつる	仕ふ	オ仕エ申シ上ゲル
参《まゐ》る	行く・来《く》 与ふ す	参上スル・参詣スル サシアゲル （貴人ニ何カヲ）シテサシアゲル
詣《まう》づ	行く・来《く》	参上スル・参詣スル
まかる まかづ	出づ	退出スル
侍《はべ》り 候《さぶら》ふ	仕ふ	オ仕エ申シ上ゲル・オ控エ申シ上ゲル・伺候スル

丁寧語の本動詞（二語のみ）

敬語動詞	もとの動詞	現代語訳例
侍《はべ》り 候《さぶら》ふ	あり・をり	アリマス・オリマス・ゴザイマス

補助動詞

主な尊敬語の補助動詞

敬語動詞	現代語訳例
―給《たま》ふ（四段） ―おはす ―おはします	（オ）―ナサル・―テイラッシャル・オ―ニナル

主な謙譲語の補助動詞

敬語動詞	現代語訳例
―聞《き》こゆ ―聞《き》こえさす ―申《まう》す ―奉《たてまつ》る ―参《まゐ》らす	（オ）―申シ上ゲル・―テサシアゲル・オ―スル
―給《たま》ふ（下二段）	（私ハ）―マス・―デス・―オリマス

丁寧語の補助動詞（二語のみ）

敬語動詞	現代語訳例
―侍《はべ》り ―候《さぶら》ふ	―（イ）マス・―デス・―ゴザイマス

古《こ》典文法《てんぶんぽう》10題《だい》ドリル　古《こ》文《ぶん》基《き》礎《そ》編《へん》

著　　者　菅《かん》　野《の》　三《み》　恵《え》
発 行 者　山　﨑　良　子
印刷・製本　株式会社加藤文明社

発　行　所　駿台文庫株式会社
〒101－0062　東京都千代田区神田駿河台1－7－4
小畑ビル内
TEL. 編集 03(5259)3302
販売 03(5259)3301
《⑭－ 200pp.》

落丁・乱丁がございましたら，送料小社負担にてお取替えいたします。

ISBN978－4－7961－1513－1　Printed in Japan

https://www.sundaibunko.jp
駿台文庫 web サイトはこちらです→

解答・解説

駿台受験シリーズ

古典文法
10題ドリル

古文基礎編

菅野三恵　著

目次

第1章 用言

動詞1 四段活用

▽活用表の空欄を埋めなさい。

	語幹	未然	連用	終止	連体	已然	命令	活用の行と種類
行く	行	か	き	く	く	け	け	カ行四段活用
酔《ゑ》ふ	酔	は	ひ	ふ	ふ	へ	へ	ハ行四段活用

▼傍線部の動詞の終止形と、活用の行、文中での活用形を答えなさい。

1 人の呼べば、局《つぼね》におりて、
人が呼ぶので、局に下がって、

2 女は、さらに聞かず。
女は、まったく聞かない。

3 見渡せば、
見渡すと、

4 船に乗るべき所へわたる。
船に乗るはずの場所へ移動する。

5 必ず逢はむと言へりけり。
必ず逢おうと言っていた。

6 今宵《こよひ》みな急ぎてとりはらひつつ、
今夜はみな急いで片づけては、

7 やすらかに読みたるこそ、
すらすらと読んでいるのは、

8 人みな、舟のとまるところに、
人は皆、舟の泊まる所に、

9 大臣《おとど》たちもしばし待て。
大臣たちもしばらく待て。

10 いよいよ飽《あ》かずあはれなるものに思ほして、
ますます飽きることなく愛しい者とお思いになって、

	終止形	活用の行	活用形	解説
1	呼ぶ	バ行	已然形	接続助詞「ば」の上は未然形か已然形
2	聞く	カ行	未然形	助動詞「ず」の上は未然形
3	見渡す	サ行	已然形	接続助詞「ば」の上は未然形か已然形
4	乗る	ラ行	終止形	助動詞「べし」の上は終止形
5	逢ふ	ハ行	未然形	助動詞「む」の上は未然形
6	急ぐ	ガ行	連用形	接続助詞「て」の上は連用形
7	読む	マ行	連用形	助動詞「たり」の上は連用形
8	とまる	ラ行	連体形	体言「ところ」の上なので連体形
9	待つ	タ行	命令形	文の終わりは普通、終止形か命令形
10	飽く	カ行	未然形	「飽き・ず」と考えて上二段活用と思ってはいけない

☆ 10のように現代文とは活用の種類が違うものがある。「飽く」「足る」は四段活用。

☆ 活用形を決定するには、活用表だけでなく助詞や助動詞の接続も使おう。

動詞2　上一・上二

▽活用表の空欄を埋めなさい。

	語幹	未然	連用	終止	連体	已然	命令	活用の行と種類
着る	×	き	き	きる	きる	きれ	きよ	カ行上一段活用
起く	起	き	き	く	くる	くれ	きよ	カ行上二段活用

▼傍線部の動詞の終止形と、活用の行と種類、文中での活用形を答えなさい。

1　恩《おん》に報ゆるは、人の務めなり。
恩に報いるのは、人の務めである。

2　みさごは荒磯《あらいそ》に居る。
みさごは荒磯に居る。

3　栗栖野《くるすの》といふ所を過ぐれば、
栗栖野という所を過ぎると、

4　「念じて射む」とすれども、
「我慢して射よう」とするけれども、

5　霜《しも》の上に落ちたる月の影《かげ》の寒けさ。
霜の上に落ちている月の光の寒々しさ。

6　ほろびたる家。
滅んでいる家。

7　着てありくも、
着て歩いてまわるのも、

8　故尼君《あまぎみ》のにぞ似たりける。
故尼君のものに似ていた。

9　是《ぜ》なる時は喜び、非《ひ》なる時は恨《うら》みず。
是である時は喜び、非であるときは恨まない。

10　魚《いを》と鳥《とり》とのありさまを見よ。
魚と鳥との様子を見ろ。

	終止形	活用の行と種類	活用形	解　説
1	報ゆ	ヤ行上二段活用	連体形	「老ゆ」「悔ゆ」「報ゆ」はヤ行上二段
2	居《ゐ》る	ワ行上一段活用	終止形	「居る」「率る」はワ行上一段
3	過ぐ	ガ行上二段活用	已然形	接続助詞「ば」の上は未然形か已然形
4	射《い》る	ヤ行上一段活用	未然形	「射る」「鋳る」はヤ行上一段
5	落つ	タ行上二段活用	連用形	助動詞「たり」の上は連用形
6	ほろぶ	バ行上二段活用	連用形	助動詞「たり」の上は連用形
7	着る	カ行上一段活用	連用形	「着る」はカ行上一段
8	似る	ナ行上一段活用	連用形	「似る」「煮る」はナ行上一段
9	恨む	マ行上二段活用	未然形	「恨む」「恋ふ」などは上二段活用
10	見る	マ行上一段活用	命令形	「見る」「こころみる」などはマ行上一段

☆上一段動詞は暗記しよう。上二段動詞は終止形に注意。

動詞3 下一・下二

▽活用表の空欄を埋めなさい。

	語幹	未然	連用	終止	連体	已然	命令	活用の行と種類
蹴《け》る	×	け	け	ける	ける	けれ	けよ	カ行下一段活用
助く	助	け	け	く	くる	くれ	けよ	カ行下二段活用

▼傍線部の動詞の終止形と、活用の行と種類、文中での活用形を答えなさい。

1 雪にも越《こ》ゆる心地《ここち》ぞする。
雪にも越える気持ちがする。

2 かの大岩、蹴《け》れども動かず。
あの大岩は、蹴るけれども動かない。

3 千代《ちよ》へたる松にはあれど、
千代を経ている松ではあるけれど、

4 萌《も》え出《い》づる春に、
萌え出す春に、

5 山も海もみな暮れ、夜《よ》ふけて、
山も海もみな日が暮れ、夜が更けて、

6 「かく思ふなりけり」と心得たまふ。
「このように思うのであったなあ」と納得なさる。

7 あらむかぎりの力にて蹴《け》よ。
あるかぎりの力で蹴れ。

8 「この殿《との》かく詣《まう》で給《たま》ふべし」と告げければ、
「この殿がこのように詣でなさるに違いない」と告げたので、

9 右近《うこん》を引き寄せ給《たま》ひて、
右近を引き寄せなさって、

10 夜《よ》ごとに人を据《す》ゑて守らせければ、
毎夜、人を据え置いて守らせたので、

	終止形	活用の行と種類	活用形	解説
1	越ゆ	ヤ行下二段活用	連体形	体言「心地」の上なので連体形
2	蹴る	カ行下一段活用	已然形	「蹴る」はカ行下一段
3	ふ（経《ふ》）	ハ行下二段活用	連用形	「得」「経」「寝」「来」「す」は終止形が一文字
4	萌え出づ	ダ行下二段活用	連体形	体言「春」の上なので連体形
5	暮る	ラ行下二段活用	連用形	「連用形、」の形＝連用中止法
6	心得《う》	ア行下二段活用	連用形	「得」「心得」はア行下二段
7	蹴る	カ行下一段活用	命令形	命令形が「蹴れ」でないことに注意
8	告ぐ	ガ行下二段活用	連用形	助動詞「けり」の上は連用形
9	引き寄す	サ行下二段活用	連用形	用言「給ひ」の上は連用形
10	据う	ワ行下二段活用	連用形	「植う」「飢う」「据う」はワ行下二段

☆下一段動詞は「蹴る」だけ。下二段動詞は終止形に注意。

☆「得《う》」「寝《ぬ》」「経《ふ》」は語幹のない下二段活用なので覚えよう。

動詞4　変格活用

▽活用表の空欄を埋めなさい。

語幹	未然	連用	終止	連体	已然	命令	活用の行と種類
来《く》	×	こ	き	く	くる	くれ	こ・こよ	カ行変格活用
す	×	せ	し	す	する	すれ	せよ	サ行変格活用
死ぬ	死	な	に	ぬ	ぬる	ぬれ	ね	ナ行変格活用
をり	を	ら	り	り	る	れ	れ	ラ行変格活用

▼傍線部の動詞の終止形と、活用の行と種類、文中での活用形を答えなさい。

1　雲の上までいぬべくは、
雲の上まで去っていくはずならば、

2　いなむとしければ、
立ちさろうとしたところ、

3　今あるものを見るに、
今いるものを見ると、

4　三年《みとせ》来ず。
三年間来ない。

5　死にければ、
死んだので、

6　ありつる扇《あふぎ》御覧《ごらん》ずれば、
さきほどの扇を御覧になると、

7　光源《ひかるげん》氏《じ》ばかりの人はこの世におはしけりやは。
光源氏ほどの人はこの世にいらっしゃったのか、いやいらっしゃらない。

8　「兄《せうと》、こち来。これ聞け」とのたまひしかば、
「兄よ、こちらへ来い。これを聞け」とおっしゃったので、

9　今までとまり侍《はべ》るが、いと憂《う》きを、
今までこの世にとどまっておりますのが、とてもつらいので、

10　かの大臣《おとど》に具《ぐ》し給《たま》ひにければ、
あの大臣に同伴なさったので、

	終止形	活用の行と種類	活用形	解説
1	いぬ	ナ行変格活用	終止形	助動詞「べし」の上は終止形
2	す	サ行変格活用	連用形	「得」「経」「寝」「来」「す」は終止形が一文字／「いなむ」の「いな」はナ変動詞
3	あり	ラ行変格活用	連体形	体言「もの」の上なので連体形
4	来《く》	カ行変格活用	未然形	助動詞「ず」の上は未然形
5	死ぬ	ナ行変格活用	連用形	助動詞「けり」の上は連用形
6	御覧ず	サ行変格活用	已然形	ザ変とは言わない
7	おはす	サ行変格活用	連用形	助動詞「けり」の上は連用形
8	来《く》	カ行変格活用	命令形	文の終わりは普通、終止形か命令形。ここは文意から考えて命令形。
9	侍り	ラ行変格活用	連体形	格助詞「が」の上は連体形
10	具す	サ行変格活用	連用形	用言「給ひ」の上は連用形

☆　変格活用はぜんぶで九語。しっかり覚えよう。

名作に親しむ❶『伊勢物語《いせものがたり》』東下《あずまくだ》り

昔、男ありけり。その男、身を要《えう》なきものに思ひなして、『京にはあらじ[1]。東《あづま》の方《かた》に住む[2]べき
昔、男がいた。その男は、自分の身を必要でないものと思いこんで、『京都にはいないでおこう。関東の方に住むこと
ができる
国求めに』とて行きけり。もとより友とする[3]人、一人二人して行きけり。道知れ[4]る人もなくて、
国を求めに』と思って出かけて行った。もとから友人である人を、一人か二人ともなって行った。道を知っている人もな
くて、
惑《まど》ひ行きけり。三河《みかは》の国、八橋《やつはし》といふ所に至《いた》りぬ。そこを八橋といひけるは、水ゆく河の蜘手《くもで》な
迷いながら行った。三河の国の、八橋という所に行き着いた。そこを八橋と言ったわけは、水が流れる川が八方に分かれ
れば、橋を八つ渡《わた》せるによりてなむ、八橋とはいひける。その沢《さは》のほとりの木の陰《かげ》におりゐ[5]て、
ているので、橋を八つ渡してあることによって、八橋と言った。その沢のほとりの木の陰におりて座って、
乾飯《かれいひ》食ひけり。その沢にかきつばたいとおもしろく咲き[6]たり。それを見[7]て、ある人のいはく、「か
乾飯を食べた。その沢にカキツバタがとても美しく咲いていた。それを見て、ある人が言うことには、
きつばたといふ五文字《いつもじ》を句の上《かみ》に据《す》ゑ[8]て、旅の心を詠《よ》め[9]」と言ひければ詠める。
「カキツバタという五文字を句の上に置いて、旅の思いを和歌に詠め」と言ったので詠んだ歌。

　から衣《ころも》きつつなれにしつましあれ[10]ばはるばるきぬるたびをしぞ思ふ
　唐衣を着ているうちに柔らかくなって身に馴染んでくる褄《つま》のように、長年慣れ親しんだ妻がいるので、はるばる来
　てしまった旅をわびしく思う。

と詠めりければ、皆人《みなひと》、乾飯の上に涙落としてほとびにけり。
と詠んだので、みな人々は、乾飯の上に涙を落としてふやけてしまった。

問　傍線部1～10の動詞の、活用の行と種類、文中での活用形を答えなさい。

	活用の行と種類	活用形	解　説
1	ラ行変格活用	未然形	「あり・をり・はべり・いまそがり」はラ変
2	マ行四段活用	終止形	助動詞「べし」の上は終止形
3	サ行変格活用	連体形	体言「人」の上なので連体形
4	ラ行四段活用	已然形	命令形説もある／「知れる」で一語ではない
5	ワ行上一段活用	連用形	「居る」「率る」はワ行上一段
6	カ行四段活用	連用形	完了・存続の助動詞「たり」の上は連用形
7	マ行上一段活用	連用形	接続助詞「て」の上は連用形
8	ワ行下二段活用	連用形	「植う」「飢う」「据う」はワ行下二段
9	マ行四段活用	命令形	文末は終止形とは限らない
10	ラ行変格活用	已然形	接続助詞「ば」の上は未然形か已然形

音便の基礎

▼次の傍線部は音便である。例にならって、
① 音便の種類を答えなさい。
② 音便になる前の、もとの形を答えなさい。
〔例〕汗《あせ》かいて、→〔答〕①イ音便　②かき

1 その後三四日あつて、
その後、三四日あって、

2 舞《ま》うて入りぬ。
舞って入った。

3 鞘《さや》なる刀抜《ぬ》いて設《まう》けつつ、
鞘に入っている刀を抜いて準備しながら、

4 兵の先に進んで、
兵の先に進んで、

5 走りまわつておきてければ、
走り回って指図したので、

6 「夕殿《せきでん》に螢《ほたる》飛んで」と、
「夕殿に螢が飛んで」と、

7 権太栗毛《ごんたくりげ》と云《い》ふ聞《きこ》ゆる名馬にぞ乗つたりける。
権太栗毛という評判の名馬に乗っていた。

8 あさましと宮は思《おぼ》いて、
あきれたことよと宮はお思いになって、

9 今、この山を囲んで、
今、この山を囲んで、

10 木曽《きそ》、おおきに喜うで、
木曽が、たいそう喜んで、

---

	①音便の種類	②もとの形	解説
1	促音便	あり	現代語でも「あって」は促音便
2	ウ音便	舞ひ	「舞い」としてしまわないように注意
3	イ音便	抜き	現代語でも「抜いて」はイ音便
4	撥音便	進み	現代語でも「進んで」は撥音便／この場合は、接続助詞「て」も発音しやすいように「で」に変化している
5	促音便	まわり	現代語でも「まわって」は促音便
6	撥音便	飛び	この場合は、接続助詞「て」も発音しやすいように「で」に変化している
7	促音便	乗り	軍記物語などに多い表現
8	イ音便	思《おぼ》し	現代語で聞き慣れない表現の場合もある
9	撥音便	囲み	この場合も、接続助詞「て」が発音しやすいように「で」に変化している
10	ウ音便	喜び	この場合も、接続助詞「て」が発音しやすいように「で」に変化している

☆〔音便〕とは、「発音の便宜」で音が変化した形。
たとえば1の場合、「あり」はラ変なので、「あら・あり・あり・ある・あれ・あれ」と活用する。接続助詞「て」の上は連用形なので、本来なら「ありて」が正しい。だが、実際の古文の中では「あって」という表記の場合がある。なぜそうなっているかというと、発音しやすいからである。
このような形を〔音便〕と呼び、主に、四段・ナ変・ラ変動詞の連用形、形容詞の連用形・連体形などでおこる。今回は動詞の連用形の音便だけを練習したが、形容詞などの場合も考え方は同じである。

〔その他の音便の例〕

・ラ変動詞の連体形の音便の例

世の中に物語といふもののあんなるを、
動詞「あり」の連体形「ある」の撥《はつ》音便（※）
〔訳〕世の中に物語というものがあるとかいうのを、

・形容詞の音便の例

あたらしう通ふ婿《むこ》の君などの、
形容詞「あたらし」の連用形「あたらしく」のウ音便
〔訳〕新しく通うお婿さんなどが、

出家の功徳、めでたかんなるものを、
形容詞「めでたし」の連体形「めでたかる」の撥音便
〔訳〕出家の功徳は、すばらしいとかいうけれども、

・助動詞の音便の例

世にえ長くあるまじう、
助動詞「まじ」の連用形「まじく」のウ音便
〔訳〕この世に長く生きることもできず、

いかなるべいことにか、
助動詞「べし」の連体形「べき」のイ音便
〔訳〕どのようであるはずのことであろうか、

※連体形撥音便の無表記形

ラ変型活用語の連体形＋助動詞「めり」「なり（伝聞・推定）」等（＊）の場合に、次のような形になる場合がある。

ラ変動詞「あり」の連体形 ある なり	助動詞「ず」の連体形 ざる なり	断定の助動詞「なり」の連体形 なる なり
⇩	⇩	⇩
「ある」の撥音便 あん なり	「ざる」の撥音便 ざん なり	「なる」の撥音便 なん なり
⇩	⇩	⇩
「ん」の無表記 あなり	「ん」の無表記 ざなり	「ん」の無表記 ななり

まず、この三つを、この形の代表として覚えておこう。

＊助動詞「べし」「らむ」「らし」などでも、同様の形になることがあるが、数が少ないので、はじめは気にしなくてよい。

名作に親しむ❷

『平家物語《へいけものがたり》』

那須《なす》の与一《よいち》

与一《よいち》目をふさいで[1]、『南無八幡大菩薩《なむはちまんだいぼさつ》、わが国の神明《しんめい》、日光権現《につくわうのごんげん》、宇都宮《うつのみや》、那須《なす》の湯泉《ゆぜん》大明神、
与一は目をふさいで、『南無八幡大菩薩よ、わが国の神明よ、日光権現よ、宇都宮、那須の湯泉大明神よ、
願《ねが》はくはあの扇《あふぎ》のまん中射させて賜《た》ばせたまへ。これを射損《いそん》ずるものならば、弓《ゆみ》切り折り自害し
どうかあの扇の真ん中を射させてください。これを射損なうものならば、弓を折り切り自害をし
て、人に再び面《おもて》を向かふべからず。いま一度本国へ迎《むか》へんとおぼし召《め》さば、この矢《や》はづさせたま
て、人に再び顔向けすることができない。もう一度、国へ迎えようとお思いならば、この矢をはずさせないでくだ
ふな』と心の内に祈念《きねん》して、目を見開い[2]たれば、風も少し吹き弱り、扇《あふぎ》も射よげになつ[3]たりける。
さい』と心の内で祈りを込めて、目を見開いたところ、風も少し吹くのが弱まり、扇も射やすそうになっていた。
与一鏑《かぶら》を取つ[4]てつがひ、よつぴいてひやうど放《はな》つ。小兵《こひやう》といふぢやう、十二束三伏《じゆうにそくみつぶせ》、弓は強し、
与一は鏑矢を手にとって弓につがえ、十分に引き絞ってひゅっと放つ。小兵とはいうものの、矢は十二束の長さで三伏の
巾、弓は強い、
浦響《うらひび》くほど長鳴《ながな》りして、あやまたず扇の要《かなめ》ぎは一寸《いつすん》ばかりおいて、ひいふつとぞ射切つ[5]たる。鏑
海辺が鳴り響くほどに長い音を立てて、はずさずに扇の要から一寸ほど離れて、ひゅっと射切った。鏑矢
は海へ入《い》りければ、扇は空へぞ上《あが》りける。しばしは虚空《こくう》にひらめきけるが、春風《はるかぜ》に一《ひと》もみ二《ふた》もみ
は海へ落ちたところ、扇は空へ上がった。しばらくは空に舞ったが、春風に一もみ二もみと
もまれて、海へさつとぞ散つ[6]たりける。夕日《せきじつ》の輝い[7]たるに、皆紅《みなぐれなゐ》の扇の日出《い》だしたるが、白波《しらなみ》
揉《も》まれて、海へさっと散り落ちていた。夕日が輝いているところに、総紅の扇で日の丸を出している扇が、白波
の上に漂《ただよ》ひ、浮《う》きぬ沈《しづ》みぬ揺《ゆ》られければ、沖《おき》には平家《へいけ》、船《ふな》ばたをたたい[8]て感じたり。陸《くが》には源氏、
の上に漂《ただよ》い、浮いたり沈んだりと揺られたので、沖では平家が、船べりを叩いて感動した。陸では源氏が、
箙《えびら》をたたいてどよめきけり。
箙《えびら》を叩いてどよめいた。

問　傍線部1～8は音便である。例にならって、

①　音便の種類を答えなさい。

②　音便になる前の、もとの形を答えなさい。

〔例〕負《お》うて　　①ウ音便　②負ひ

	①音便の種類	②もとの形	解　説
1	イ音便	ふさぎ	「ふさいで」の「で」は接続助詞「て」が濁音化したもの
2	イ音便	開き	完了・存続の助動詞「たり」の上は連用形
3	促音便	なり	完了・存続の助動詞「たり」の上は連用形
4	促音便	取り	接続助詞「て」の上は連用形
5	促音便	射切り	完了・存続の助動詞「たり」の上は連用形
6	促音便	散り	完了・存続の助動詞「たり」の上は連用形
7	イ音便	輝き	完了・存続の助動詞「たり」の上は連用形
8	イ音便	たたき	接続助詞「て」の上は連用形

形容詞

▽活用表の空欄を埋めなさい。

語幹	未然	連用	終止	連体	已然	命令	活用の種類
よし	よ	○ から	く かり	し ○	き かる	けれ ○	○ かれ	ク活用

▼傍線部の形容詞の終止形、活用の種類、文中での活用形を答えなさい。

1 命長ければ、
命が長いと、

2 心得にくきこと。
理解しがたいこと。

3 何かは惜《を》しからむ。
何が惜しいのだろうか、いや何も惜しくない。

4 さらにいみじと思はず。
まったくすばらしいと思わない。

5 この木なからましかば、
この木がなかったならば、

6 限りなくかなしと思ひて、
このうえなく愛《いと》しいと思って、

7 おもしろかりけるところなり。
情趣のあった所である。

8 深く忍びたるけしきを、
ひどく人目を忍んでいる様子を、

9 悲しかるべき心ばへ、
悲しいはずの気持ち、

10 「世にながかれ」とも思《おぼ》さざりしも、
「この世に長くあれ」とお思いにならなかったのも、

	終止形	活用の種類	活用形	解説
1	長し	ク活用	已然形	接続助詞「ば」の上なので已然形
2	心得にくし	ク活用	連体形	体言「こと」の上なので連体形
3	惜し	シク活用	未然形	助動詞「む」の上なので補助活用の未然形
4	いみじ	シク活用	終止形	ジク活用とは言わない
5	なし	ク活用	未然形	助動詞「まし」の上なので補助活用の未然形
6	かなし	シク活用	終止形	「限りなくかなし」の形で心内文が完結しているので終止形
7	おもしろし	ク活用	連用形	助動詞「けり」の上なので補助活用の連用形
8	深し	ク活用	連用形	用言「忍び」の上なので連用形
9	悲し	シク活用	連体形	助動詞「べし」の上なので補助活用の連体形
10	ながし	ク活用	命令形	形容詞も命令形になることがある。この場合の訳し方は「長くあれ・長くあっておくれ」など

形容動詞

▽活用表の空欄を埋めなさい。

	語幹	未然	連用	終止	連体	已然	命令	活用の種類
あはれなり	あはれ	○	に	○	○	○	○	ナリ活用
		なら	なり	なり	なる	なれ	なれ	

▼傍線部の形容動詞の終止形、活用の種類、文中での活用形を答えなさい。

1　上人《しやうにん》の感涙《かんるい》、いたづらになりにけり。
　上人の感涙は、無駄になってしまった。

2　おほきなる柑子《かうじ》の木の、
　大きな蜜柑の木で、

3　読経《どきやう》まめならぬ時は、
　読経が熱心でない時は、

4　あゆみくる様、いと堂々たり。
　歩いてくる様子は、とても堂々としている。

5　かぐや姫、いとあはれに泣く。
　かぐや姫は、たいそうしみじみと泣く。

6　その声、あからさまなれども、
　その声は、一時的であるけれども、

7　娘の死、いと思はずなりけり。
　娘の死は、とても思いがけなかった。

8　あだなりと名にこそ立てれ。
　浮気であると評判になっている。

9　昔、男、妹《いも》のいとをかしげなりけるを見をりて、
　昔、男が、妹でとてもかわいらしかった妹を見ていて、

10　そぞろに神のごとくに言へども、
　むやみやたらと神のように言うけれども、

	終止形	活用の種類	活用形	解説
1	いたづらなり	ナリ活用	連用形	用言「なり」の上なので「〜に」の連用形
2	おほきなり	ナリ活用	連体形	体言「柑子の木」の上なので連体形
3	まめなり	ナリ活用	未然形	下の「ぬ」は助動詞「ず」なので未然形
4	堂々たり	タリ活用	終止形	タリ活用は「漢語＋たり」の形が多い
5	あはれなり	ナリ活用	連用形	用言「泣く」の上なので「〜に」の連用形
6	あからさまなり	ナリ活用	已然形	接続助詞「ども」の上なので已然形
7	思はずなり	ナリ活用	連用形	「思はずなり」で一語／助動詞「けり」の上なので「〜なり」の連用形
8	あだなり	ナリ活用	終止形	「あだなり」の形で心内文が完結しているので終止形
9	をかしげなり	ナリ活用	連用形	助動詞「けり」の上なので「〜なり」の連用形
10	そぞろなり	ナリ活用	連用形	体言「神」の上にあるが、意味上は用言「言へ」にかかっているので連用形

係り結びの法則1

▼係助詞に傍線を引き、文末の（　）の中の語を活用させなさい。

1 野分《のわき》のまたの日こそ、いみじうあはれに（おぼゆ）。
野分の翌日は、たいそうしみじみと趣深く思われる。

2 知らずなりゆくなむ（あさまし）。
わからなくなってゆくのは驚きあきれる。

3 思ふ心なき人は、かならず来《き》などや（す）。
愛情がない人は、かならず来たりなどするのか（、いやしない）。

4 いるさの山を誰《たれ》か（たづぬ）。
いるさの山を誰が訪ねるのか（、いや誰も訪ねない）。

5 かかることこそ（めでたし）。
こういうことがすばらしい。

6 ことごとしからぬ紙や（侍《はべ》り）。
大げさでない紙がありますか（、いやありません）。

7 あさましと言ふにもあまりてなむ（あり）。
驚きあきれると言うにもそれ以上である。

8 足は十文字《じふもんじ》に踏《ふ》みてぞ（遊ぶ）。
足は前後左右に踏んで踊り遊ぶ。

9 何か（うとまし）。
何が気味が悪いのか（、いや何も気味悪くない）。

10 昔の物語などにこそかかる事は（聞く）。
昔の物語などにこういう事は聞く。

	結びの語	解説
1	おぼゆれ	「おぼゆ」は下二段動詞
2	あさましき	「あさまし」はシク活用の形容詞
3	する	「す」はサ変動詞
4	たづぬる	「たづぬ」は下二段動詞
5	めでたけれ	「めでたし」はク活用の形容詞
6	侍る	「侍り」はラ変動詞
7	ある	「あり」はラ変動詞
8	遊ぶ	「遊ぶ」は四段動詞なので、終止形と連体形は同じに見える
9	うとましき	「うとまし」はシク活用の形容詞
10	聞け	「聞く」は四段動詞／この文の訳に注意

係り結びの法則2

▼係助詞に傍線を引き、結びの語を抜き出して説明しなさい。

（例）ほととぎすや聞きたまふ。
（結びの語）たまふ　（説明）動詞「たまふ」の連体形

1　死にたるこそ口《くち》惜《を》しけれ。
死んでいるのが残念だ。

2　ただ空をのみぞ飛ぶ。
ただ空をだけ飛ぶ。

3　思《おぼ》し乱るるにや。
思い乱れなさるのであるだろうか。

4　慎《つつし》む方《かた》のなかりける人の心ぞ愚かなる。
慎むことのなかった人間の心は愚かである。

5　人の心もおなじことにこそあれ。
人の心も同じことである。

6　こは誰《たれ》のしわざにか。
これは誰のしわざであるだろうか。

7　かりがねの鳴きこそ渡れ。
雁が鳴いて渡る。

8　心地《ここち》こそいと悪《あ》しけれ。
気分がとても悪い。

9　京に来て語りけるとぞ。
京に来て語ったということだ。

10　荷前《のさき》の使《つかひ》立つなどぞ、あはれにやむごとなき。
荷前《のさき》の使いが出立するなど、しみじみとして高貴な感じである。

	結びの語	説　明	解　説
1	口惜しけれ	形容詞「口惜し」の已然形	「口惜しけれ」で一語なので「けれ」だけを抜き出すのは間違い
2	飛ぶ	動詞「飛ぶ」の連体形	終止形と間違えないこと
3	結びの語なし	「あらむ」等の結びの省略	「～にや」「～にか」などで終わる形に注意
4	愚かなる	形容動詞「愚かなり」の連体形	「なる」だけを抜き出すのは間違い
5	あれ	動詞「あり」の已然形	訳し方にも注意
6	結びの語なし	「あらむ」等の結びの省略	「～にや」「～にか」などで終わる形に注意
7	渡れ	動詞「渡る」の已然形	訳し方にも注意
8	悪しけれ	形容詞「悪し」の已然形	「悪しけれ」で一語なので「けれ」だけを抜き出すのは間違い
9	結びの語なし	「言ふ」「聞く」等の結びの省略	「～とぞ」は説話の終わりに多い形
10	やむごとなき	形容詞「やむごとなし」の連体形	「やむごとなき」で一語

係り結びの法則3 「や」「か」

▼係助詞「や」「か」に気をつけて、傍線部を現代語訳しなさい。

1 「ここにやいます」など問ふ。

「ここにいらっしゃるか」などと尋ねる。

2 近き火などに逃ぐる人は、「しばし」とや言ふ。

近くの火事などで逃げる人が、「ちょっと待て」と言うか、いや言わない。

3 我ばかりかく思ふにや。

私だけがこのように思うのであるだろうか。

4 世の中は昔よりやは憂《う》かりけむ。

世の中は昔からつらかったのだろうか、いやそんなことはない。

5 「龍《たつ》の頸《くび》の玉や取りておはしたる。」「否《いな》、さもあらず。」

「龍の頸の玉を取っていらっしゃったのか。」「いや、そうでもない。」

6 暗ければ、いかでかは見えむ。

暗いので、どうして見えるだろうか、いや見えない。

7 「いづれの山か天に近き」と問はせ給《たま》ふに、

「どの山が天に近いか」とお尋ねになる時に、

8 たとひ耳鼻《みみはな》こそ切れ失《う》すとも、命ばかりはなどか生きざらむ。

たとえ耳や鼻が切れてなくなるとしても、命だけはどうして生き延びないだろうか、いや生き延びる。

9 こはいかなることにか。

これはどういうことであるだろうか。

10 翁《おきな》、皇子《みこ》に申《まう》すやう、「いかなる所にかこの木は候《さぶら》ひけむ。」

翁が、皇子に申しあげることには、「どんな所にこの木はありましたのでしょうか。」

（解答は上記）

	解説
1	「問ふ」とあるので疑問文
2	火事で逃げる人がどうするかを考えると反語文
3	ここでは疑問文に訳したが、反語文が間違いとは言い切れない。前後の文脈がないと決定できない
4	「～やは」とあるので反語文と考えておく
5	直後の会話で、「いや、そうでもない。」と答えているので、上は疑問文とわかる。
6	「～かは」とあるので反語文と考えておく
7	「問はせ給ふ」とあるので疑問文
8	耳や鼻がなくなっても死ぬわけではないので、反語文と考える
9	疑問文と考えるのが妥当。反語文だと意味が成り立ちにくい
10	疑問文と考えるのが妥当。反語文だと意味が成り立ちにくい

係り結びの法則4 「こそ」

▼係助詞「こそ」に気をつけて、傍線部を現代語訳しなさい。

1 蛙《かはづ》のあまた鳴く田には水こそまされ。
蛙が多く鳴く田には水が増える。

2 波より出《い》でて波にこそ入《い》れ。
波から出て波に入る。

3 紅葉《もみぢ》も花もともにこそ散れ。
紅葉も花も一緒に散る。

4 散ればこそいとど桜はめでたけれ。
散るから（こそ）より一層桜は素晴らしい。

5 あやしき者にこそあれ、口惜《くちを》しうはあらぬ者にこそあれ。
身分の低い者ではあるけれども、残念ではない者である。

6 中垣《なかがき》こそあれ、一つ家《いへ》のやうなれば、
中垣はあるけれども、一軒家のようであるから、

7 心ばせなどの古びたる方《かた》こそあれ、いとうしろやすき後見《うしろみ》ならむ。
考え方などが古めかしい部分はあるけれども、とても安心できる後見人であるだろう。

8 この殿《との》の御心《みこころ》、かばかりにこそ。
この殿のお心は、この程度であるのだろう。

9 「車侍《はべ》り。人の来たりけるにこそ。」
「車がございます。人が来ていたのであるだろう。」

10 「それもいと罪深《つみぶか》なることにこそ。」
「それもたいそう罪深い事であるだろう。」

（解答は上記）

	解　説
1	「増えろ」のように、命令形と間違えてはいけない
2	「入れ」のように、命令形と間違えてはいけない
3	「散れ」のように、命令形と間違えてはいけない
4	文末は終止形「めでたし」と同様に訳す
5	「こそ〜已然形、」の形
6	「こそ〜已然形、」の形
7	「こそ〜已然形、」の形
8	省略された「あらめ」の部分を補って訳す
9	省略された「あらめ」の部分を補って訳す
10	省略された「あらめ」の部分を補って訳す

☆ 5・6・7の「こそ〜已然形、」の形は逆接。逆接は「〜けれども・〜のに」と訳すのが基本。

☆ 8・9・10で補って考える「あらめ」は、ラ変動詞「あり」＋助動詞「む」。「〜（である）だろう」と訳すのが基本。

名作に親しむ❸『徒然草《つれづれぐさ》』冒頭文ほか

[1]つれづれなるままに、日ぐらし、硯《すずり》にむかひて、心に移りゆくよしなし事《ごと》を、[2]そこはかとなく

所在なさにまかせて、一日中、硯《すずり》に向かって、心に次々と浮かぶつまらないことを、とりとめもなく

書きつくれば、あやしうこそものぐるほしけれ。

書き留めると、不思議なほどに物狂おしい。

いでや、この世に生《うま》れては、願はしかるべき事《こと》こそ多かんめれ。

さてまあ、この世に生まれているからには、望ましいに違いないことが多くあるようだ。

人は、かたち・ありさまのすぐれたらむこそ、あらまほしかるべけれ。物うち言ひたる、聞き

人は、容貌や姿が優れているのが、理想的に違いない。ちょっと物を言っている様子が、聞き

にくからず、愛敬《あいぎやう》ありて、[3]言葉多からぬこそ、飽《あ》かず向《むか》はまほしけれ。[4]めでたしと見る人の、

にくくなく、愛らしい魅力があって、言葉数が多くない人は、飽きることなく向かい合いたい。素晴らしいと思って見ている人が、

心劣《こころおと》りせらるる本性《ほんじやう》見えむこそ、口惜《くちを》しかるべけれ。しな・かたちこそ生《うま》れつきたらめ、心は、

がっかりせずにはいられない本性をみせるようなのは、残念に違いない。身分や容貌は生まれつきであろうけれども、心は、

などか、[5]賢《かしこ》きより賢きにも、移さば移らざらむ。かたち・心ざまよき人も、才《ざえ》なくなりぬれば、

どうして、賢明な状態からもっと賢明な状態へと、変えるならば変わらないだろうか、いや変わる。容貌や性格が良い人も、学才がなくなってしまうと、

品下《しなくだ》り、顔憎《にく》さげなる人にも立ちまじりて、かけずけおさるるこそ、[6]本意《ほい》なきわざなれ。

身分が低く、顔の醜い様子の人にも交じって、問題にもならず圧倒されるのが、不本意なことである。

問1　波線部の結びの語を抜き出しなさい。

ものぐるほしけれ

問2　傍線部1～6の形容詞・形容動詞について、終止形、文中での活用形を答えなさい。

	終止形	活用形	解　説
1	つれづれなり	連体形	体言「まま」の上で連体形
2	そこはかとなし	連用形	用言「書きつくれ」の上で連用形
3	多し	未然形	下の「ぬ」は打消の助動詞なので補助活用の未然形
4	めでたし	終止形	「めでたし」の形で心内文が完結しているので終止形
5	賢し	連体形	連体形の下に「こと」「の」などを補って考える形
6	本意なし	連体形	体言「わざ」の上で連体形

第2章 助動詞

助動詞1 「き」「けり」

▽活用表の空欄を埋めなさい。

	未然	連用	終止	連体	已然	命令	接続	
き	（せ）	○	き	し	しか	○	連用形	特殊型
けり	（けら）	○	けり	ける	けれ	○	連用形	ラ変型

▼助動詞「き」「けり」に傍線を引き、その活用形を答えなさい。

1 風激しく吹きて、静かならざりし夜《よ》。
風が激しく吹いて、静かでなかった夜。

2 「さは、翁丸《おきなまろ》にこそはありけれ。」
「それでは、翁丸であったのだなあ。」

3 燕《つばくらめ》のまり置ける古糞《ふるくそ》を握りたまへるなりけり。
燕が脱糞した古糞を握っていらっしゃったのであった。

4 清涼殿《せいりやうでん》の御前《おまへ》の梅の木の枯れたりしかば、
清涼殿の御前の梅の木が枯れたので、

5 恐ろしげなるもの来て、食ひかからむとしき。
恐ろしそうなものが来て、食いかかろうとした。

▼助動詞「き」を適切な形に直して、空欄に入れなさい。

6 法師になり給《たま》ひにしこそ、あはれなり（　　）。
法師におなりになったのは、しみじみ悲しかった。

7 河内前司《かはちのぜんじ》といひ（　　）人の類《るい》にてぞありける。
河内の前司といった人の親類であった。

8 あからさまと思ひ（　　）ども、五年《いつとせ》を経たり。
一時的と思ったけれども、五年を過ごしている。

▼助動詞「けり」に気をつけて、傍線部を現代語訳しなさい。

9 住みける所を名にて「竜門《りゆうもん》の聖《ひじり》」とぞいひける。
住んだ場所を名前として、「竜門の聖」といった。

10 人はいさ心も知らずふるさとは花ぞ昔の香《か》に匂ひける
人はさあ、心もわからない。（でも）昔なじみの土地は、（梅の）花が昔の香りで匂いたつなあ。

（9・10解答は右記）

	解答	解説
1	連体形	体言の上なので、連体形
2	已然形	係助詞「こそ」の結びなので、已然形／詠嘆の用法
3	終止形	文末なので、終止形／「置ける」は「置け（動詞）＋る（助動詞）」で、助動詞「ける」ではない
4	已然形	接続助詞「ば」の上なので、已然形
5	終止形	文末なので、終止形
6	しか	係助詞「こそ」の結びなので、已然形にする
7	し	名詞「人」の上なので、連体形にする
8	しか	接続助詞「ども」の上なので、已然形にする
9	「ける」は過去の助動詞。「～タ」と訳す	
10	「ける」は詠嘆の助動詞／和歌中の「けり」は詠嘆なので、「～ナア・～コトヨ」と訳す	

助動詞2「ず」

▽活用表の空欄を埋めなさい。

	未然	連用	終止	連体	已然	命令	接続
ず（特殊型）	○	ず	ず	ぬ	ね	○	未然形
ず（ラ変型）	ざら	ざり	○	ざる	ざれ	ざれ	

※直後に助動詞がくる時には、原則として左行（ラ変型）を使う。

▼助動詞「ず」に傍線を引き、その活用形を答えなさい。

1 人目も今はつつみ給《たま》はず、泣き給ふ。
人目も今は気にならず、お泣きになる。

2 京には見えぬ鳥なれば、皆人《みなひと》見知らず。
京では見かけない鳥なので、みな人々は見てわからない。

3 その夢まことにあらざりけり。
その夢は本当ではなかった。

4 聞かむとすれども、え聞かねば、書かず。
聞こうとするけれども、聞くことができないので、書かない。

5 源氏《げんじ》の君《きみ》こそおはしたなれ。など見たまはぬ。
源氏の君がいらっしゃっているそうだ。どうして御覧にならないのか。

▼助動詞「ず」を適切な形に直して、空欄に入れなさい。

6 誰《たれ》とこそ知ら（　　）。
誰だと知らない。

7 講師《かうじ》は、「思ひかけ（　　）ことなり」といへば、
講師は、「思いがけないことである」と言うので、

8 宮仕《みやづか》へしたまふべき際《きは》にはあら（　　）き。
宮仕えをなさることのできる身分ではなかった。

▼助動詞「ず」に気をつけて、傍線部を現代語訳しなさい。

9 法師ばかり、うらやましからぬものはあらじ。
法師ほど、うらやましくないものはあるまい。

10 秋ならねども、あやしかりけりと見ゆ。
秋ではないけれど、不思議なことだなあと見える。

（9・10 解答は右記）

	解答	解説
1	連用形	「連用形、」の形＝連用中止法
2	連体形	「ぬ」は体言「鳥」の上なので、連体形
	終止形	「ず」は文末なので、終止形
3	連用形	助動詞「けり」の上なので、連用形
4	已然形	接続助詞「ば」の上なので、已然形
	終止形	文末なので、終止形
5	連体形	「など」「いかで」等の疑問の語があると、文末は連体形になる
6	ね	係助詞「こそ」の結びなので、已然形にする
7	ぬ	名詞「こと」の上なので、連体形にする
8	ざり	助動詞「き」の上なので、左の行の連用形にする
9		体言「もの」の上なので、連体形になっている
10		接続助詞「ども」の上なので、已然形になっている

助動詞3「つ」「ぬ」

▽活用表の空欄を埋めなさい。

	未然	連用	終止	連体	已然	命令	接続	
つ	て	て	つ	つる	つれ	てよ	連用形	下二段型
ぬ	な	に	ぬ	ぬる	ぬれ	ね	連用形	ナ変型

▼助動詞「つ」「ぬ」に傍線を引き、その活用形を答えなさい。

1 いみじう久しうもなりにけるかな。
たいそう長い時間にもなってしまったなあ。

2 海をさへ驚かして、波立てつべし。
海をまで驚かして、きっと波を立てるに違いない。

3 花も皆咲きぬれども音もせぬなり。
花もすべて咲い（てしまっ）たけれども音沙汰もないのである。

4 髪もいみじく長くなりなむ。
髪もきっととても長くなるだろう。

▼助動詞「つ」を適切な形に直して、空欄に入れなさい。

5 「しかじかの事なん候《さぶら》ひ（　　）。」
「これこれの事がございました。」

6 （源氏ノ君ガ召使ニ）「あわたたしき風なめり。御格子《みかうし》おろし（　　）。」
（源氏の君が召使に）「慌ただしい風であるようだ。御格子をおろしてしまえ。」

7 「ただ通らん」と思ひ（　　）ども、
「ただ通り抜けよう」と思ったけれども、

▼助動詞「ぬ」に気をつけて、傍線部を現代語訳しなさい。

8 雨のいたく降りしかば、え参らずなりにき。
雨がひどく降ったので、参上できなくなってしまった。

9 潮満ちぬ。風も吹きぬべし。
潮が満ちた。風もきっと吹くに違いない。

10 東へ行きなば、はかなくなりなまし。
東へ行っ（てしまっ）たならば、死んでしまっただろう（に）。

（8～10 解答は右記）

	解答	解説
1	連用形	助動詞「けり」の上なので、連用形
2	終止形	助動詞「べし」の上なので、終止形／強意の用法
3	已然形	接続助詞「ども」の上なので、已然形／「せぬ」の「ぬ」は、打消の助動詞「ず」の連体形
4	未然形	助動詞「む」の上なので、未然形
5	つる	係助詞「なん」の結びなので、連体形にする
6	てよ	風が強いので、格子をおろすように、源氏の君が命令している場面
7	つれ	接続助詞「ども」の上なので、已然形にする
8	助動詞「き」の上で連用形になっている／完了の用法	
9	助動詞「べし」の上で終止形になっている／強意の用法	
10	接続助詞「ば」の上なので、未然形になっており、「未然形＋ば」で仮定条件を表すので、「～ナラバ」と訳す／「なまし」の「な」も完了の助動詞「ぬ」の未然形	

助動詞4 「たり」「り」

▽活用表の空欄を埋めなさい。

	未然	連用	終止	連体	已然	命令	接続	
たり	たら	たり	たり	たる	たれ	たれ	連用形	ラ変型
り	ら	り	り	る	れ	れ	サ変の未然形 四段の已然形(※)	ラ変型

※命令形説もある。

▼助動詞「たり」「り」に傍線を引き、その活用形を答えなさい。

1 深き穴の開きたる中より出《い》づる水の、
深い穴が開いている中から出る水の、

2 諸国の受領《ずりやう》なりしかども、死にたりき。
諸国の受領《ずりょう》であったけれども、死んでいた。

3 痴《し》れものは走りかかりたれば、猫は内に入れり。
馬鹿ものが走り飛びかかったので、猫は内側に入った。

4 足のむくまま行けれども、涙とまらず。
足の向くまま行ったけれど、涙がとまらない。

▼助動詞「り」を適切な形に直して、空欄に入れなさい。

5 いささかもの思ふべきさまもし給《たま》へ（　　）ず。
すこしも物思いをしそうな様子もなさっていない。

6 このわたりに、顔見知れ（　　）僧なり。
このあたりで、顔を見知っている僧である。

7 化け物に襲《おそ》はると人々言へ（　　）ども、
化け物に襲われると人々が言っているけれども、

8 この禅師《ぜんじ》の君《きみ》、参りたまへ（　　）けり。
この禅師の君が、参上なさっていた。

▼助動詞「り」に気をつけて、傍線部を現代語訳しなさい。

9 血たれども、何とも思へらず。
血がしたたるけれども、何とも思っていない。

10 卯月《うづき》ついたち、詠《よ》める歌。
陰暦四月一日に、詠んだ歌。

（9・10 解答は右記）

	解答	解説
1	連体形	体言「中」の上なので、連体形
2	連用形	助動詞「き」の上なので、連用形
3	已然形	接続助詞「ば」の上なので、已然形
	終止形	文末なので、終止形
4	已然形	接続助詞「ども」の上なので、已然形
5	ら	助動詞「ず」の上なので、未然形にする
6	る	体言「僧」の上なので、連体形にする
7	れ	接続助詞「ども」の上なので、已然形にする
8	り	動詞「けり」の上なので、連用形にする
9	助動詞「ず」の上なので、未然形になっている。「〜テイル」と訳す／「血たれ」の「たれ」は四段動詞「垂る」の已然形	
10	体言「歌」の上なので、連体形になっている。「〜タ」と訳す	

名作に親しむ❹ 『方丈記《ほうじょうき》』冒頭文

ゆく河の流れは絶えず〔連用形〕して、しかももとの水にあらず〔終止形〕。よどみに浮《うか》ぶうたかたは、かつ消え、

流れる川の流れは絶えることなく、しかももとの水ではない。停滞している部分に浮かぶ泡は、一方では消え、

かつ結びて、久しくとどまりたる〔連体形〕例《ためし》なし。世の中にある人と栖《すみか》と、またかくのごとし。たましき

一方では浮かんで、長い時間とどまっている例はない。世の中にいる人間と家とも、またこのようである。宝玉を並べたような

の都《みやこ》のうちに棟《むね》を並べ、甍《いらか》を争へる〔連体形〕高き賤《いや》しき人の住《すま》ひは、世々《よよ》を経て尽《つ》きせぬ〔連体形〕ものなれど、

美しい都の中に棟木を並べ、屋根を競っている身分の高い人や低い人の住居は、時代を経ても尽きることはないものであるけれど、

これをまことかと尋《たづ》ぬれば、昔ありし〔連体形〕家は稀《まれ》なり。或《あるい》は去年《こぞ》焼けて、今年《ことし》作れり〔終止形〕。或は大家《おほいへ》

これを本当かと思って調べると、昔あった家は稀である。ある場合は去年焼けて、今年造っている。ある場合は大きな家が

ほろびて小家《こいへ》となる。住む人もこれに同じ。所も変らず〔連用形〕、人も多かれど、いにしへ見し〔連体形〕人は、

なくなって小さな家となる。住む人もこれと同じだ。場所も変わりなく、人も多くいるけれど、昔見た人は、

二三十人が中にわづかにひとりふたりなり。朝《あした》に死に夕《ゆふべ》に生《うま》るるならひ、ただ水の泡《あわ》にぞ似たり〔連用形〕

二三十人の中にわずかに一人か二人である。朝に誰かが死に夕方に誰かが生まれる習性は、ただ水の泡に似ているのだ

ける〔連体形〕。知らず〔終止形(※)〕、生れ死ぬる人いづかたより来《きた》りて、いづかたへか去る。また知らず〔終止形(※)〕、仮《かり》の宿り、

なあ。わからない、生まれたり死んだりする人がどこからやってきて、どこへ去るのか。またわからない、かりそめの住居である家について、

誰《た》がために心を悩《なや》まし、何によりてか目を喜ばしむる。その主《あるじ》と栖と無常《むじやう》を争ふさま、いはば

誰のために心を悩ませ、何のために目を楽しませるのか。その持ち主と住居とが無常さを争う様子は、たとえていうならば

あさがほの露《つゆ》に異《こと》ならず。或は露落ちて、花残れり。残るといへども、朝日に枯《か》れぬ。或は花

終止形　終止形　終止形

朝顔に置いた露と変わらない。ある場合は露が落ちて、花が残っている。残るといっても、朝日に枯れてしまう。ある場合は花が

しぼみて、露なほ消えず。消えずといへども、夕を待つ事なし。

終止形　終止形

しぼんで、露はまだ消えない。消えないといっても、夕方を待つことはない。

問　本文中の助動詞「き」「けり」「ず」「つ」「ぬ」「たり」「り」に傍線を引き、文中での活用形を答えなさい。

（解答は右記）

（※）この二カ所の「ず」について…この文は倒置法になっていると考える方がよいので、〈連用形〉ではなく〈終止形〉とする。

助動詞5 「る」「らる」

▽活用表の空欄を埋めなさい。

	未然	連用	終止	連体	已然	命令	接続	
る	れ	れ	る	るる	るれ	れよ	未然形	下二段型
らる	られ	られ	らる	らるる	らるれ	られよ	未然形	下二段型

※「る」は四段・ナ変・ラ変に、「らる」はそれ以外に接続する。

▼助動詞「る」「らる」に傍線を引き、その文法的意味を答えなさい。

1 「仏もいかにか聞き給《たま》ふらむ」と思ひやらる。
「仏もどうお聞きになっているのだろうか」と推量せずにはいられない。

2 「敵《かたき》に攻《せ》められて、わびにてはべり。」
「敵に攻められて、困っています。」

3 「内裏《うち》より召《め》す。すみやかに参られよ。」
「内裏よりお呼びになる。すぐに参上してください。」

4 さらにこそ信ぜられね。
まったく信じることができない。

5 問ひつめられて、え答へずなりはべりつ。
問い詰められて、答えられなくなりました。

6 何ごとにつけても、しほしほとまづぞ泣かるる。
何事につけても、しくしくとまずは泣かずにはいられない。

▼助動詞「る」「らる」に気をつけて、傍線部を現代語訳しなさい。

7 この女子《をんなご》に教へらるるも、をかし。
この女の子に教えられるのも、おもしろい。

8 大将、福原にこそ帰られけれ。
大将は、福原にお帰りになった。

9 ふるさと限りなく思ひ出《い》でらる。
馴染みの土地がこの上なくつい思い出される。

10 胸ふたがりて、物なども見入《い》れられず。
胸がふさがって、物などもじっと見ることができない。

（7～10 解答は上記・右記）

	解答	解説
1	自発	心情表現「思ひやる」＋る、の形
2	受身	受身の相手である「敵に」がヒント
3	尊敬	謙譲語（ここでは「参ら」）＋尊敬語の形／尊敬表現の命令形は「～ください」と訳すことが多い
4	可能	「ね」は、打消の助動詞「ず」の已然形／否定文中の「る」「らる」
5	受身	受身の相手である「人に」などが省略されている
6	自発	心情表現「泣く」＋る、の形
7	受身の相手である「女子に」がヒント	
8	「大将」に対する敬意を表している形なので、尊敬	
9	心情表現「思ひ出《い》づ」＋らる、の形なので、自発	
10	否定文中の「る」「らる」は、可能の意味が多い	

助動詞6 「す」「さす」「しむ」

▽活用表の空欄を埋めなさい。

	未然	連用	終止	連体	已然	命令	接続	
す	せ	せ	す	する	すれ	せよ	未然形	下二段型
さす	させ	させ	さす	さする	さすれ	させよ	未然形	下二段型
しむ	しめ	しめ	しむ	しむる	しむれ	しめよ	未然形	下二段型

※「す」は四段・ナ変・ラ変に、「さす」はそれ以外に接続する。

▼助動詞「す」「さす」「しむ」に傍線を引き、その文法的意味を答えなさい。

1 餅《もち》を食《く》はするに、うち食ひてけり。
餅を食べさせると、さっと食べ（てしまっ）た。

2 生《しやう》を苦しめて目を喜ばしむるは、桀《けつ》・紂《ちう》が心なり。
生きるものを苦しめて目を楽しませるのは、桀や紂の心である。

3 皇子《みこ》、東《とう》三条にて、東宮《とうぐう》に立たせ給《たま》ふ。
皇子が、東三条邸で、皇太子にお立ちになる。

4 御格子《みかうし》上げさせて、御簾《みす》を高く上げたれば、
御格子を上げさせて、御簾を高く上げ（てい）たところ、

5 主上《しゆしやう》笑はせたまひて、語り聞こえさせたまひて、
天皇はお笑いになって、語り申し上げなさって、

6 手のわろき人の、人に文《ふみ》書かするは、うるさし。
字が下手な人が、人に手紙を書かせるのは、うっとうしい。

7 例《れい》のごとく、随身《ずいじん》にうたはせ給ふ。
いつものように、随身に歌わせなさる。

▼助動詞「す」「さす」に気をつけて、傍線部を現代語訳しなさい。

8 人をやりつつ求めさすれど、さらになし。
人を派遣しては探し求めさせるけれど、まったくいない。

9 上も宮も、その歌をば、いと興《きよう》ぜさせ給ふ。
上も宮も、その歌を、たいそうお喜びになる。

10 妻《め》の嫗《おうな》にあづけて養はす。
妻である嫗に預けて養育させる。

（8〜10 解答は右記）

	解答	解説
1	使役	「相手に食べさせる」の意味なので、使役／助動詞「す」の下に「給ふ」等の尊敬語がない形は、使役
2	使役	「相手を喜ばせる」の意味なので、使役／助動詞「しむ」の下に「給ふ」等の尊敬語がない形は、使役
3	尊敬	「皇子自身が東宮位に付く」の意味なので、尊敬／「せ給ふ」の形は、「せ」が尊敬のことが多い
4	使役	「召使いなどに上げさせる」の意味なので、使役／助動詞「さす」の下に「給ふ」等の尊敬語がない形は、使役
5	尊敬 / 尊敬	「天皇自身が笑う、語る」の意味なので、尊敬／「せ給ふ」「させ給ふ」の形は、「せ」「させ」が尊敬のことが多い
6	使役	「他の人に書かせる」の意味なので、使役／助動詞「す」の下に「給ふ」等の尊敬語がない形は、使役
7	使役	「随身に歌わせる」の意味なので、使役／「せ給ふ」の形でも、使役になることがあるので、文脈で判断する
8	「人に探し求めさせる」の意味なので、使役／助動詞「さす」の下に「給ふ」等の尊敬語がない形は、使役	
9	「上や宮がお喜びになる」の意味なので、尊敬／「させ給ふ」の形は、「させ」が尊敬のことが多い	
10	「妻に養育させる」の意味なので、使役／助動詞「す」の下に「給ふ」等の尊敬語がない形は、使役	

名作に親しむ⑤ 『枕草子《まくらのそうし》』 ものづくし

心ときめきするもの

胸がどきどきするもの

雀《すずめ》の子飼《こがひ》。児《ちご》遊ばする（使役）所の前わたる。良き薫物《たきもの》たきてひとり臥《ふ》したる。唐鏡《からかがみ》のすこし暗き見たる。よき男の車とどめて案内《あない》し問はせ（使役）たる。頭《かしら》洗ひ化粧《けさう》じて、香《かう》ばしう染《し》みたる衣《きぬ》など着たる。

雀の子を飼うこと。子供を遊ばせている場所の前を通ること。上等の薫香を焚いて一人で横になっていること。唐鏡がすこし曇っているのを見ていること。身分・教養の高い男性が牛車を停めて取り次ぎをさせ様子を尋ねさせていること。髪を洗い化粧をして、良い香が染みこんでいる衣などを着ていること。

ことに見る人なき所にても、心の内はなほいとをかし。待つ人などのある夜《よ》、雨の音、風の吹きゆるがすも、ふとおどろかる（自発）。

特に見る人がいない所でも、心の中はやはりとても良い気分だ。待つ人などがいる夜は、雨の音や、風が吹いて物を揺らす音にも、はっとせずにはいられない。

ありがたきもの

めったにないもの

舅《しうと》にほめらるる（受身）婿《むこ》。また、姑《しうとめ》に思はるる（受身）嫁《よめ》の君《きみ》。毛のよく抜《ぬ》くるしろがねの毛抜《けぬき》。主《しゆう》そしらぬ従者《ずさ》。

舅に誉められる婿。また、姑に良く思われるお嫁さん。毛がよく抜ける銀の毛抜き。主人を悪く言わない従者。

めでたきもの

すばらしいもの

博士《はかせ》の才《ざえ》あるは、いとめでたしと言ふもおろかなり。顔にくげに、いと下臈《げらふ》なれど、やんごとなき

博士で学才がある人は、とても素晴らしいなどという表現では不十分だ。顔が醜く、とても身分が低い者であるけれども、高貴な人の

尊敬

御前《おまへ》に近付き参り、さべきことなど問はせ給《たま》ひて、御書《ふみ》の師《し》にてさぶらふは、うらやましくめでたく

御前に近付き参上し、しかるべきことなどを高貴な人がお尋ねになって、博士が御学問の先生としてお仕え申し上げるのは、うらやましくも素晴らしくも

こそおぼゆれ。

思われる。

問　本文中の助動詞「る」「らる」「す」「さす」「しむ」に傍線を引き、その文法的意味を答えなさい。

（解答は右記）

助動詞7「む（ん）」

▽活用表の空欄を埋めなさい。

	未然	連用	終止	連体	已然	命令	接続	
む	○	○	む	む	め	○	未然形	四段型

▼助動詞「む」に傍線を引き、その文法的意味を後の選択肢から選びなさい。

1 「我なからむ世に、忘れず思ひ出《い》ださむずらむや。」
「私がいないような世の中で、忘れずに思い出すだろうか。」

2 さ思ふ人多からむ。
そのように思う人は多いだろう。

3 世に名を残さむこそ、あらまほしけれ。
世の中に名前を残すとしたら、それは理想的だ。〔世の中に名前を残すようなことは、理想的だ。〕

4 「（私ハ）いかでその宮の琴《こと》聞かむ。」
「（私は）なんとかしてその宮の琴を聞こう。」

5 「とくこそ試みさせたまはめ。」
「はやくお試しになるのがよい。」〔「はやくお試しになってはどうか。」〕

6 「（私ハ）大君《おほいぎみ》のあたりにこそ死なめ。」
「（私は）大君の側で死のう。」

7 「少納言《せうなごん》よ、香炉峰《かうろほう》の雪いかならむ。」
「少納言よ、香炉峰の雪はどうだろうか。」

ア 推量　イ 意志　ウ 婉曲・仮定　エ 適当・勧誘

▼助動詞「む」に気をつけて、傍線部を現代語訳しなさい。

8 双六《すごろく》は、「（自分ガ）勝たむ」と思ひて打つべからず。
双六は、「（自分が）勝とう」と思って打ってはならない。

9 ほととぎすいつか来《き》鳴かむ。
ホトトギスはいつ来て鳴くのだろうか。

10 「これに白からむところ入れて持て来《こ》。」
「これに白い（ような）部分を入れて持って来い。」

※〈婉曲〉の「～ヨウナ」は用法が理解できたら、訳さなくてよい場合もある。

（8～10 解答は右記）

	解答	解説
1	ウ	「む＋体言（ここでは「世」）」の形は、婉曲のことが多い／「むずらむ」の部分は、「むず（推量）＋らむ（現在推量）」で、助動詞が二つ連なっている形（→問題冊子P43・44助動詞「むず」「らむ」）
2	ア	「多いだろう」と推量している
3	ウ	「む＋助詞（ここでは「こそ」）」の形は、仮定のことが多い
4	イ	「聞こう」と思っているのは「私」＝一人称
5	エ	「はやく試してみるのがよい」と相手に勧めている
6	イ	「死のう」と思っているのは「私」＝一人称
7	ア	「雪はどうだろうか」と推量している
8	「勝とう」と思っているのは「私」＝一人称	
9	「いつ来て鳴くのだろうか」と推量している	
10	「む＋体言（ここでは「ところ」）」の形は、婉曲のことが多い	

助動詞8 「むず（んず）」「じ」

▽活用表の空欄を埋めなさい。

	未然	連用	終止	連体	已然	命令	接続	
むず	○	○	むず	むずる	むずれ	○	未然形	サ変型

	未然	連用	終止	連体	已然	命令	接続	
じ	○	○	じ	じ	じ	○	未然形	無変化型

▼助動詞「むず」に傍線を引き、その活用形を答えなさい。

1 「（私ハ）いづちも足の向きたらむ方へいなむず。」
「（私は）どこでも足の向いているような方向へ行こう。」

2 「（私ハ）自害をせむずれば、」
「（私は）自殺をするつもりなので、」

3 「いかにし給《たま》はむずらむ」と、
「どうなさるのだろうか」と、

4 「むなしく帰りては必ずくやまれ侍《はべ》りなむず。」
「むなしく帰っては必ず後悔の念が起こってしまうでしょう。」

5 「いかやうにてか、おはしまさむずる。」
「どんな様子で、いらっしゃるのだろうか。」

▼助動詞「じ」に傍線を引き、その文法的意味を答えなさい。

6 「（私ハ）京にはあらじ。あづまの国にいかむ」とて、
「（私は）京にはいるまい。東の国に行こう」と言って、

7 かの矢なりとも、この鎧《よろひ》はよも通らじ。
あの矢であっても、この鎧はまさか通らないだろう。

8 冬来たりなば、春遠からじ。
冬が来たならば、春は遠くないだろう。

9 さるべき人々も、許されじかし。
しかるべき人々も、許されないだろうよ。

10 「（私ハ）御碁《ご》には負けじかし。」
「（私は）あなたの碁には負けまいよ。」

	解答	解説
1	終止形	文末なので、終止形／打消の助動詞「ず」と間違えないこと
2	已然形	接続助詞「ば」の上なので、已然形
3	終止形	助動詞「らむ」の上なので、終止形／「むず＋らむ」の形で「〜だろう」と訳すことが多い
4	終止形	文末なので、終止形
5	連体形	係助詞「か」の結びなので、連体形
6	打消意志	主語が一人称
7	打消推量	「まさか通らないだろう」の意味
8	打消推量	「遠くないだろう」の意味
9	打消推量	「許されないだろうよ」の意味
10	打消意志	主語が一人称

助動詞9 「らむ（らん）」「けむ（けん）」

▽活用表の空欄を埋めなさい。

	未然	連用	終止	連体	已然	命令	接続	
らむ	○	○	らむ	らむ	らめ	○	終止形（※）	四段型
けむ	○	○	けむ	けむ	けめ	○	連用形	四段型

※「らむ」…上接語がラ変型の場合は、連体形に接続。

▼助動詞「らむ」「けむ」に傍線を引き、その活用形を答えなさい。助動詞「らむ」「けむ」がない場合は、「ナシ」と答えなさい。

1 吹くからに秋の草木のしをるればむべ山風《やまかぜ》を嵐《あらし》と言ふらむ
吹くとたちまちに秋の草木がしおれるので、なるほどそれで山風を嵐と言っているのだろう。

2 いかばかりか哀《かな》しかりけむ。
どれほど悲しかっただろうか。

3 身をたすけむとすれば、
身を助けようとすると、

4 さだめて心もとなく思《おぼ》すらむ。
きっと不安にお思いになっているだろう。

5 昨夜《よべ》、雨ぞふりけむ。
昨夜、雨が降っただろう。

6 つとめては雪ぞつもらむ。
翌朝は雪が積もるだろう。

7 峰《みね》の桜は散りはてぬらむ。
峰の桜はすっかり散ってしまっているだろう。

8 おはすらむ所にだに尋《たづ》ね行かむ。
いらっしゃるとかいうところにだけでも尋ねて行こう。

9 小夜《さよ》の中山など越えけむほどもおぼえず。
小夜の中山など越えたとかいう時も覚えていない。

10 夏山に恋しき人や入《い》りにけむ。
夏山に恋しい人が入ってしまったのだろうか。

	解答	解説
1	終止形	和歌の末尾なので、終止形
2	連体形	係助詞「か」の結びなので、連体形
3	ナシ	動詞「たすけ」＋助動詞「む」
4	終止形	文末なので、終止形
5	連体形	係助詞「ぞ」の結びなので、連体形
6	ナシ	動詞「つもら」＋助動詞「む」
7	終止形	文末なので、終止形
8	連体形	体言「所」の上なので、連体形
9	連体形	体言「ほど」の上なので、連体形
10	連体形	係助詞「や」の結びなので、連体形

●推量系の助動詞

古文の主な助動詞は26語あるが、その中の11語が推量グループの助動詞である。基本的な用法は次のとおりである。

「む」（※）…確実性の低い推量　→「じ」…〔打消＋む〕
「らむ」…現在に関する推量
「けむ」…過去に関する推量

「べし」…確実性の高い推量　→「まじ」…〔打消＋べし〕

「なり」…聴覚に由来する推量
「めり」…視覚に由来する推量
「らし」…根拠に由来する推量

「まし」…事実に反する推量

※「むず」は、助動詞「む」に格助詞「と」とサ変動詞「為《す》」の付いた「むとす」の転。意味は「む」と同じ。

11語ある中でも、「む」と「べし」は推量系の助動詞を理解するときにベースとなる重要な語である。
これらのグループ分けを整理しておくと、複雑に見える推量系の助動詞への理解を深めることができる。

次の例文で、代表的な訳し方を確認しておこう。

雨降らむ。　〔訳〕雨が降るだろう。
雨降らじ。　〔訳〕雨が降らないだろう。
雨降るらむ。　〔訳〕今頃、雨が降っているだろう。
雨降りけむ。　〔訳〕雨が降っただろう。

雨降るべし。　〔訳〕雨が降るに違いない。
雨降るまじ。　〔訳〕雨が降らないだろう。

雨降るなり。　〔訳〕（音声などから判断して）雨が降るようだ。
雨降るめり。　〔訳〕（視覚などから判断して）雨が降るようだ。
雨降るらし。　〔訳〕雨が降るらしい。

雨降らましかば、　〔訳〕雨が降ったならば、

名作に親しむ❻『更級日記《さらしなにっき》』物語へのあこがれ

かくのみ思ひくんじたるを、心もなぐさめむ（意志）と、心苦しがりて、母、物語などもとめて見せ給《たま》ふに、

このように私がふさぎこんでばかりいるので、気持ちを慰めようと、気の毒がって、母が、物語などを探し求めて見せてくださると、

げにおのづからなぐさみゆく。紫《むらさき》のゆかりを見て、つづきの見まほしくおぼゆれど、人かたらひなどもえせず、たれもいまだ都《みやこ》なれぬほどにてえ見つけず。いみじく心もとなく、ゆかしくおぼゆるままに、『この源氏《げんじ》の物語、一の巻《まき》よりしてみな見せ給へ』と心のうちに祈《いの》る。親の太秦《うづまさ》にこもり給へるにも、異事《ことごと》なくこのことを申《まう》して、出《い》でむ（婉曲）ままにこの物語見はてむ（意志）と思へど見えず。

本当に自然と気が晴れていく。若紫の巻あたりを見て、続きが見たく思われるけれど、人に言ったりすることもできず、家人の誰もまだ都に慣れていない時で見つけることができない。たいそうもどかしく、見たく思われる気持ちのままに、『この源氏の物語を、第一巻からみんな見せてください』と心の中で祈る。親が太秦の広隆寺に参籠していらっしゃる時にも、他の事などなくこの事をお願い申し上げて、寺から出るようなままにすぐにこの物語をすっかり見ようと思うけれど見られない。

いとくちをしく思ひ歎《なげ》かるるに、をばなる人の田舎《いなか》よりのぼりたる所にわたいたれば、「いとうつくしう生《お》ひなりにけり」など、あはれがり、めづらしがりて、かへるに、「何をか奉《たてまつ》らむ（意志）。

とても残念で思い嘆かずにおれないところに、おばである人が田舎から上京している所に親が私を連れて行ったところ、「とてもかわいらしく成長したなあ」などと、しみじみとかわいがり、なつかしがって、帰る時に、「何をさしあげようか。

まめまめしき物は、まさなかりなむ（推量）。ゆかしくし給ふなる物を奉らむ（意志）」とて、源氏の五十余巻《よまき》、
実用的な物は、きっとよくないだろう。見たがっていらっしゃると聞いているものをさしあげよう」と言って、源氏物語の五十巻あまりを、

櫃《ひつ》に入《い》りながら、在中将《ざいちゆうじやう》、とほぎみ、せり河《かは》、しらら、あさうづなどいふ物語ども、一袋《ひとふくろ》とり
櫃に入ったままで、ほかに在中将、とほぎみ、せり河、しらら、あさうづなどという物語などを、一つの袋に

入れて、得てかへるここちのうれしさぞいみじきや。はしるはしるわづかに見つつ、心も得ず
入れて、もらって帰る気持ちのうれしさは大変なものだなあ。飛び飛びに部分的に見ては、要領を得ず

心もとなく思ふ源氏を、一の巻よりして、人もまじらず、几帳《きちやう》のうちにうちふして引き出《い》でつつ
もどかしく思う源氏物語を、第一巻から、他の人も交じらずに、几帳の内側で寝そべって引っ張り出しては

見るここち、后《きさき》の位《くらゐ》も何にかはせむ（推量）。
見る気持ちは、后の位にも何にも代えられようか、いや代えられはしない。

問　本文中の助動詞「む」に傍線を引き、その文法的意味を答えなさい。

（解答は右記）

助動詞10「べし」

▽活用表の空欄を埋めなさい。

	未然	連用	終止	連体	已然	命令	接続	
べし	○	べく	べし	べき	べけれ	○	終止形（※）	形容詞型
	べから	べかり	○	べかる	○	○		

※上接語がラ変型の場合は、連体形に接続。

▼助動詞「べし」に傍線を引き、その文法的意味を後の選択肢から選びなさい。

1 毎度ただ得失《とくしつ》なく「この一矢《ひとや》に定むべし」と思へ。
毎回ただ当たりはずれを考えずに「この一本の矢で決めるつもりだ」と思え。

2 先《さき》の世のこと知るべからず。
前世のことは知ることができない。

3 汝《な》が煩悩《ぼんのう》さながら捨《す》つべきなり。
あなたの煩悩はそのまま捨てるのがよいのである。

4 「この人は日本紀《にほんぎ》をこそ読みたるべけれ。」
「この人は『日本書紀』を読んでいるに違いない。」

5 歌道、怠《おこた》るべからず。
歌の道を、怠ってはならない。

6 羽なければ、飛ぶべからず。
羽根がないので、飛ぶことができない。

7 風雨強かるべし。
風と雨が強いに違いない。

8 「われ、先陣《せんぢん》の功《こう》を立つべし。」
「私は、先陣の功績をあげるつもりだ。」

9 家の造りやうは、夏を旨《むね》とすべし。
家の造り方は、夏を第一とするのがよい。

10 人の歌の返し、とくすべきを、
人の和歌への返歌は、はやくするのがよいのに、〔はやくしなければならないのに、〕

ア 推量　イ 適当・命令　ウ 意志　エ 可能

※「べし」は意味が多いので、短文では一つに決定することが難しい。長文中では前後の文脈から考えよう。

	解答	解説
1	ウ	「一矢で決めるつもりだ」と思うのは「私」＝一人称
2	エ	前世のことはわからない
3	イ	煩悩は捨てた方がよいもの
4	ア	主語が「この人」＝三人称
5	イ	歌の道は怠けない方がよいもの／否定文中の命令は、禁止表現にして訳出する
6	エ	否定文中の「べし」
7	ア	主語が「風雨」＝三人称
8	ウ	「功績をあげるつもりだ」と思うのは「私」＝一人称
9	イ	「夏を中心に考えて建てるのがよい」ということ
10	イ	もらった和歌の返歌は早いほうがよい／当然・義務も可

助動詞11「まじ」

▽活用表の空欄を埋めなさい。

	未然	連用	終止	連体	已然	命令	接続	
まじ	○	まじく	まじ	まじき	まじけれ	○	終止形（※）	形容詞型
	まじから	まじかり	○	まじかる	○	○		

※上接語がラ変型の場合は、連体形に接続。

▼助動詞「まじ」に傍線を引き、その活用形を答えなさい。

1 かぐや姫え止《と》むまじければ、たださしあふぎて泣きをり。
かぐや姫を引き止めることができないので、ただ天を仰いで泣いている。

2 妻《め》といふものこそ男の持つまじきものなれ。
妻というものは男が持たない方がよいものである。

3 人のたやすく通ふまじからむ所に、
人が簡単には通うことができないような場所に、

4 心ばせあるさまなどぞ、げにやむごとなき人に劣るまじかりける。
配慮がある様子などは、ほんとうに高貴な人に劣るはずがなかった。

5 「それなん、また、え生《い》くまじくはべるめる。」
「それが、また、生きることができないようです。」

▼助動詞「まじ」に傍線を引き、その文法的意味を後の選択肢から選びなさい。

6 （ソノ手紙ヲ）「ただいまは見るまじ」とて入りぬ。
「（その手紙を）今は見ないつもりだ」と言って入った。

7 冬枯《が》れの景色こそ、秋にはをさをさ劣るまじけれ。
冬枯れの景色は、秋の景色にほとんど劣らないだろう。

8 「わが身は女なりとも、敵《かたき》の手にはかかるまじ。」
「私の身体は女であるけれども、敵の手にかからないつもりだ。」

9 桂《かつら》のみこ、いとみそかに、あふまじき人にあひ給《たま》ひけり。
桂のみこは、とてもこっそりと、逢ってはならない人と逢いなさった。

10 公卿《くぎやう》といへど、この人のおぼえに必ずしも並ぶまじきこそ多かれ。
公卿といっても、この人の評判に必ずしも並ぶことができない人が多い。

ア 打消推量　イ 不適当・禁止　ウ 打消意志　エ 不可能

	解答	解説
1	已然形	接続助詞「ば」の上なので、已然形
2	連体形	名詞「もの」の上なので、連体形
3	未然形	助動詞「む」の上なので、未然形
4	連用形	助動詞「ける」の上なので、連用形
5	連用形	動詞「はべる」の上なので、連用形／同じ連用形でも、4と違う点に注意
6	ウ	「見ないつもり」なのは「私」＝一人称
7	ア	「ほとんど劣らないだろう」の意味
8	ウ	「かからないつもり」なのは「私」＝一人称
9	イ	「逢ってはいけない人」なので「みそかに（＝こっそりと）」逢う
10	エ	「並ぶことができない」の意味

助動詞12 「なり」（伝聞・推定）

▽活用表の空欄を埋めなさい。

	未然	連用	終止	連体	已然	命令	接続	
なり	○	（なり）	なり	なる	なれ	○	終止形（※）	ラ変型

※上接語がラ変型の場合は、連体形に接続。

▼伝聞・推定の助動詞「なり」に傍線を引き、その活用形を答えなさい。

1 男もすなる日記《にき》といふものを、女もしてみむとてするなり。
男もするとかいう日記というものを、女もしてみようと思ってするのである。

2 聞き知る人こそあなれ。
聞いてそれとわかる人がいるようだ。

▼伝聞・推定の助動詞「なり」を適切な形に直して、空欄に入れなさい。

3 極楽といふ（　　）所には、菩薩《ぼさつ》などもみなかかることをして、
極楽というとかいう所では、菩薩などもみなこんなことをして、

4 「なべての人にはあらず」と世人《よひと》も愛《め》で言ふ（　　）ど、
「普通の人ではない」と世間の人も誉めたたえて言うようだけれども、

5 弓弦《ゆづる》いとつきづきしくうち鳴らして、曹司《ざうし》の方に去《い》ぬ（　　）。
弓弦をとてもふさわしく鳴らして、曹司の方に過ぎ去るようだ。

▼伝聞・推定の助動詞「なり」に傍線を引き、その文法的意味を答えなさい。

6 世の中に物語といふもののあんなるを、
世の中に物語というものがあるそうなのを、

7 御衣《おほんぞ》の音なひ、「さばかりなり」と聞きゐたまへり。
御衣の音を、「そのあたりであるようだ」と聞いて座っていらっしゃった。

8 「荻《をぎ》の葉、荻の葉」と呼ばすれど、答へざなり。
「荻の葉、荻の葉」と呼ばせるけれども、答えないようだ。

9 また聞けば、侍従《じじゅう》の大納言の御女《みむすめ》、亡くなり給《たま》ひぬなり。
また聞くと、侍従の大納言のお嬢さんが、お亡くなりになったそうだ。

10 駿河《するが》の国にあなる山の頂《いただき》に、
駿河の国にあるとかいう山の頂きに、

	解答	解説
1	連体形	名詞「日記」の上なので、連体形
2	已然形	係助詞「こそ」の結びなので、已然形
3	なる	名詞「所」の上なので、連体形にする
4	なれ	接続助詞「ど」の上なので、已然形にする
5	なり	文末なので、終止形にする
6	伝聞	「世の中に物語がある」ということを人から聞くなどして知っている／「あんなる」の「あん」は、ラ変動詞「あり」の連体形「ある」の撥音便形「あん」（↓P9 音便）
7	推定	音声など周りの状況から判断している／「ななり」の「な」は、断定の助動詞「なり」の連体形「なる」の撥音便「なん」の「ん」を表記しない形（↓P9 音便）
8	推定	音声など周りの状況から判断している／「ざなり」の「ざ」は、打消の助動詞「ず」の連体形「ざる」の撥音便「ざん」の「ん」を表記しない形（↓P9 音便）
9	伝聞	「また聞けば、」がヒント。人のうわさで聞いて知っている
10	伝聞	人から聞くなどして知っている／「あなる」の「あ」は、ラ変動詞「あり」の連体形「ある」の撥音便「あん」の「ん」を表記しない形（↓P9 音便）

助動詞13 「なり」（断定）

▽活用表の空欄を埋めなさい。

	未然	連用	終止	連体	已然	命令	接続	
なり	○	に	○	○	○	○	体言 連体形 など	形容動詞型
	なら	なり	なり	なる	なれ	なれ		

▼断定の助動詞「なり」に傍線を引き、その活用形を答えなさい。

1　良覚僧正《りやうがくそうじやう》と聞こえしは、きはめて腹あしき人なりけり。
良覚僧正と申し上げた方は、きわめて怒りっぽい人であった。

2　これは龍《たつ》のしわざにこそありけれ。
これは龍のしわざであった。

▼断定の助動詞「なり」を適切な形に直して、空欄に入れなさい。

3　この命婦《みやうぶ》こそ、ものの心得て、かどかどしくは侍《はべ》る人〔　　〕。
この命婦は、ものの情趣がわかっていて、才気のあります人だ。〔ある人です。〕

4　恨みを負ふつもり〔　　〕やありけむ、
恨みをこうむる積み重ねであったのだろうか、

5　ありがたき志《こころざし》〔　　〕けむかし。
めったにない心の持ちようであったただろうよ。

6　また頼もしき人もなく、げにぞあはれなる御ありさま〔　　〕。
また頼れる人もなく、本当にしみじみと気の毒な御様子である。

▼断定の助動詞「なり」に気をつけて、傍線部を現代語訳しなさい。

7　男もすなる日記《にき》といふものを、女もしてみむとてするなり。
男もするとかいう日記というものを、女もしてみようと思ってするのである。

8　「さらば、その遺言ななりな。」
「それでは、その遺言であるようだなあ。」

9　京なる女のもとに、
京にいる女性のところに、

10　いかに思ひはじめけることにか、
どのように思い始めたことであるのだろうか、

（7〜10 解答は右記）

	解答	解説
1	連用形	助動詞「けり」の上なので、連用形
2	連用形	「に…あり」で、「〜デアル」と訳す／同じ連用形でも、1と違う点に注意
3	なれ	係助詞「こそ」の結びなので、已然形にする
4	に	動詞「あり」にかかっていくので、連用形にする／「に…あり」で、「〜デアル」と訳す
5	なり	助動詞「けむ」の上なので、連用形にする
6	なる	係助詞「ぞ」の結びなので、連体形にする
7	「する」はサ変動詞「す」の連体形	
8	「ななり」「なめり」の「な」は、断定の助動詞「なり」の連体形「なる」の撥音便「なん」の「ん」を表記しない形（↓P9 音便）	
9	「場所を表す語＋なる」で、存在の用法	
10	「にか」の後ろに「あらむ」等が省略されている形（↓問題冊子P22 結びの省略）／「あるだろうか」等を補って訳す	

名作に親しむ❼ 『土佐日記《とさにっき》』冒頭文

伝聞　断定

男もすなる日記《にき》といふものを、女もしてみむとてするなり。

男もするとかいう日記というものを、女もしてみようと思ってするのである。

それの年《とし》の、十二月《しはす》の、二十日《はつか》あまり一日《ひとひ》の日の、戌《いぬ》の時に門出《かどで》す。そのよし、いささかにものに書きつく。

いついつの年の、十二月の、二十一日の日の、戌の時（＝午後八時頃）に出立する。そのことを、ちょっとものに書き留める。

ある人、県《あがた》の四年五年《よとせいつとせ》はてて、例《れい》のことどもみなし終へて、解由《げゆ》など取りて、住む館《たち》より出でて、

ある人が、地方官の役目の四五年が終わって、慣例の事務などをみなし終えて、解由状などを受け取って、住む建物から出て、

適当・義務など

船に乗るべき所へ渡る。かれこれ、知る知らぬ、送りす。年ごろ、よく比《くら》べつる人々なむ、別れがたく思ひて、日しきりに、とかくしつつののしるうちに、夜《よ》ふけぬ。

船に乗るはずの所へ移動する。あの人やこの人、知っている人も知らない人も、見送りをする。長年、仲良くうちとけてきた人々は、別れづらく思って、一日中、あれこれとしては大騒ぎするうちに、夜が更けてしまった。

断定

二十二日《はつかあまりふつか》に、和泉《いづみ》の国までと、平《たひら》かに願《ぐわん》立つ。藤原のときざね、船路《ふなぢ》なれど、馬《むま》のはなむけす。

二十二日に、和泉国までと、平穏無事を祈って願をかける。藤原のときざねが、船路であるけれど、「馬のはなむけ」つまり送別の宴をする。

上中下《かみなかしも》酔《ゑ》ひ飽《あ》きて、いとあやしく、塩海《しほうみ》のほとりにてあざれあへり。

身分の高い人も中くらいの人も下の人もすっかり酔って、とても行儀悪く、海の側で、腐った魚ではないけれど、ふざけあっている。

問　本文中の助動詞「べし」「なり」に傍線を引き、その文法的意味を答えなさい。

（解答は右記）

助動詞14 「めり」

▽活用表の空欄を埋めなさい。

	未然	連用	終止	連体	已然	命令	接続	
めり	○	（めり）	めり	める	めれ	○	終止形（※）	ラ変型

※上接語がラ変型の場合は、連体形に接続。

▼助動詞「めり」に傍線を引き、その活用形を答えなさい。

1 いでやこの世に生まれては、願はしかるべきことこそ多かめれ。
さてまあこの世に生まれて、望ましいはずのことが多くあるようだ。

2 いかなることにか、御命短くぞおはしますめる。
どういうことであろうか、お命が短くていらっしゃるようだ。

▼助動詞「めり」を適切な形に直して、空欄に入れなさい。

3 あはれに言ひ語らひて泣く（　　）ど、涙落つとも見えず。
しみじみと話をして泣くようだけれども、涙が落ちるとも見えない。

4 （菊ヲ、五月ノ）薬玉《くすだま》に解きかへてぞ、（前ノモノハ）棄《す》つ（　　）。
（菊を、五月の）薬玉に付け替えて、（前のものは）捨てるようだ。

5 こころざし疎《おろ》かならぬ人々にこそあ（　　）。
愛情がいいかげんでない人々であるようだ。

6 木枯《こがらし》に吹きあはす（　　）笛の音《ね》を、
木枯らしの音に合わせて吹くような笛の音を、

▼助動詞「めり」に気をつけて、傍線部を現代語訳しなさい。

7 かぐや姫の、皮衣《かはごろも》を見ていはく「うるはしき皮なめり。」
かぐや姫が、皮衣を見て言うことには「美しい皮であるようだ。」

8 簾《すだれ》少し上げて、花奉《たてまつ》るめり。
簾を少しあげて、花をさしあげるようだ。

9 「中将の声は、弁少将にをさをさ劣らざめるは。」
「中将の声は、弁少将にほとんど劣らないようだなあ。」

10 ただ片かどを聞きつたへて心を動かすこともあめり。
ただ一つの取り柄を人伝《づ》てに聞いて心を動かすこともあるようだ。

（7〜10 解答は上記・右記）

	解答	解説
1	已然形	係助詞「こそ」の結びなので、已然形
2	連体形	係助詞「ぞ」の結びなので、連体形
3	めれ	接続助詞「ど」の上なので、已然形にする
4	める	係助詞「ぞ」の結びなので、連体形にする
5	めれ	係助詞「こそ」の結びなので、已然形にする／「あめれ」の「あ」は、ラ変動詞「あり」の連体形「ある」の撥音便「あん」の「ん」を表記しない形 →P9 音便
6	める	名詞「笛」の上なので、連体形にする
7	「なめり」の「な」は、断定の助動詞「なり」の連体形「なる」の撥音便「なん」の「ん」を表記しない形 →P9 音便	
8	「奉る」は、四段動詞「奉る」の終止形／助動詞「めり」は、活用語の終止形（ただし、ラ変型活用語には連体形）に付く	
9	「ざめる」の「ざ」は、打消の助動詞「ず」の連体形「ざる」の撥音便「ざん」の「ん」を表記しない形 →P9 音便	
10	「あめり」の「あ」は、ラ変動詞「あり」の連体形「ある」の撥音便「あん」の「ん」を表記しない形 →P9 音便	

助動詞15 「まし」

▽活用表の空欄を埋めなさい。

	未然	連用	終止	連体	已然	命令	接続	
まし	ませ ましか	○	まし	まし	ましか	○	未然形	特殊型

▼助動詞「まし」に傍線を引き、その活用形を答えなさい。

1 竜を捕らへたらましかば、また、こともなく、我は害せられなまし。
竜を捕らえていたならば、また、たやすく、私は殺されてしまっていただろう（に）。

2 わが背子《せこ》とふたり見ませばいくばくかこの降る雪のうれしからまし
私の夫と二人で見たならば、どれほどこの降る雪がうれしかっただろうか。

▼傍線部に含まれる「まし」の用法が、①反実仮想か、②ためらいの意志かを選びなさい。

3 かけこもらましかば、口《くち》惜《を》しからまし。
鍵をかけてこもったならば、残念だっただろう（に）。

4 偽《いつわ》りのなき世なりせば、うれしからまし。
偽りのない世の中だったならば、うれしかっただろう（に）。

5 これになにを書かまし。
これに何を書こうかしら。〔書いたものだろうか。〕

6 かく知らませば、国内《くぬち》すみずみ見せましものを。
このように知っていたならば、国内を隅々まで見せただろうに。

▼助動詞「まし」に気をつけて、傍線部を現代語訳しなさい。

7 入《い》りたらましかば、みな射殺されなまし。
入っていたならば、みんな射殺されてしまっただろう（に）。

8 いかにせまし。
どうしようかしら。〔どうしたものだろうか。〕

9 夢と知りせば、醒《さ》めざらましを。
夢とわかっていたならば、目覚めなかっただろうに。

10 いづれの里の宿か借らまし。
どの里の宿を借りようかしら。〔借りたものだろうか。〕

（7～10解答は上記・右記）

	解答	解説
1	未然形 終止形	助動詞「まし」の未然形は、「ましか・ませ」の二種類ある
2	未然形 連体形	最後の「まし」は、係助詞「か」の結びなので、連体形
3	①	「ましか」は、助動詞「まし」の未然形
4	①	「なりせば」の「せ」は、過去の助動詞「き」の未然形 ↓問題冊子P32助動詞「き」
5	②	疑問表現「なに」を伴っている
6	①	「ませ」は、助動詞「まし」の未然形
7		「なまし」の「な」は、強意の助動詞「ぬ」の未然形↓問題冊子P34助動詞「ぬ」
8		疑問表現「いかに」を伴っている
9		「知りせば」の「せ」は、過去の助動詞「き」の未然形↓問題冊子P32助動詞「き」
10		疑問表現「いづれ」を伴っている

助動詞16 「まほし」

▽活用表の空欄を埋めなさい。

	未然	連用	終止	連体	已然	命令	接続	
まほし	○	まほしく	まほし	まほしき	まほしけれ	○	未然形	形容詞型
	まほしから	まほしかり	○	まほしかる	○	○		

▼助動詞「まほし」に傍線を引き、その活用形を答えなさい。

1 愛敬《あいぎやう》ある人こそ、飽《あ》かず、向かはまほしけれ。
愛らしい魅力のある人は、飽きずに、向かい合いたい。

2 この生絹《すずし》だに、いと暑かはしく、脱ぎ捨てまほしかりしに、
この生絹でさえ、とても暑苦しく、脱ぎ捨てたかったのに、

▼助動詞「まほし」を適切な形に直して、空欄に入れなさい。

3 なほ捨てがたく、気色《けしき》見〔　　〕て、
やはり捨てることが難しく、様子を見たくて、

4 あるいはおのが家に籠《こも》り居《ゐ》、あるいはおのが行か〔　　〕所へ往《い》ぬ。
ある者は自分の家に籠っており、ある者は自分の行きたいところへ立ち去る。

5 さばかり心ゆく有り様にてこそ過ぐさ〔　　〕。
あれほど満足できる様子で過ごしたい。

6 篳篥《ひちりき》はいとかしがましく、近く聞か〔　　〕ず。
篳篥《ひちりき》はとてもやかましく、近くで聞きたくない。

▼助動詞「まほし」に気をつけて、傍線部を現代語訳しなさい。

7 いかなる人なりけむ、尋《たづ》ね聞かまほし。
どんな人であったのだろうか、尋ね聞きたい。

8 言はまほしきことも、え言はず。
言いたいことも、言うことができない。

9 この宮仕《みやづか》へ本意《ほい》にもあらず、巌《いはほ》の中こそ住ままほしけれ。
この宮仕えはかねてからの希望ではなく、巌の中に住みたい。

10 なほたしかに知らまほしくて、問ひたまへば、
やはりたしかに知りたくて、お尋ねになると、

（7〜10 解答は上記・右記）

	解答	解説
1	已然形	係助詞「こそ」の結びなので、已然形
2	連用形	助動詞「き」の連体形「し」の上なので、連用形
3	まほしく	接続助詞「て」の上なので、連用形
4	まほしき	体言「所」の上なので、連体形
5	まほしけれ	係助詞「こそ」の結びなので、已然形
6	まほしから	助動詞「ず」の上なので、未然形
7	「まほし」は、助動詞「まほし」の終止形	
8	「え〜打消」で「〜することができない」	
9	「まほしけれ」で一語。「住みたかった」と過去に訳してはいけない	
10	副詞「なほ」は「やはり」	

●願望表現

古文にはいろいろな願望表現がある。
代表的なものは次のとおりである。

助動詞

a 「まほし」（未然形接続）
b 「たし」（連用形接続）

終助詞

c 「ばや」（未然形接続） →問題冊子P76
d 「てしがな・にしがな」（連用形接続） →問題冊子P76
e 「もがな」「がな」（体言などに接続） →問題冊子P76

「もがな」は実現不可能なことについて言う場合が多い。

これ以外に、希求（他者願望）の終助詞
f 「なむ」（未然形接続） →問題冊子P77
がある。

これらは、次のように簡単な例文と訳文をセットにして覚えておくとよい。

a 京へ行かまほし。 〔訳〕京へ行きたい。
b 京へ行きたし。 〔訳〕京へ行きたい。
c 京へ行かばや。 〔訳〕京へ行きたいなあ。
d 京へ行きてしがな。 〔訳〕京へ行きたいなあ。
京へ行きにしがな。 〔訳〕京へ行きたいなあ。
e 京扇もがな。 〔訳〕京扇があればなあ。
京扇がほしいなあ。
f 京へ行かなむ。 〔訳〕京へ行ってほしい。

名作に親しむ❽ 『大鏡《おおかがみ》』冒頭文

先《さい》つ頃《ころ》、雲林院《うりんゐん》の菩提講《ぼだいかう》に詣《まう》でて侍《はべ》りし（過去）かば、例人《れいひと》よりはこよなう年老い、うたてげなる翁《おきな》

先頃、雲林院の菩提講に参会しましたところ、普通の人よりはたいそう年老い、気味が悪いほどの老人が

二人、嫗《おうな》と行きあひて、同じ所に居《ゐ》ぬ（完了・強意）めり（推定）。『あはれに、同じやうなる（断定）もののさまかな』と見侍

二人、老婆と偶然出会って、同じ場所に座ったようだ。『なんとまあ、同じような老いた様子だなあ』と見てお

りし（過去）に、これらうち笑ひ、見かはして言ふやう、「年頃《としごろ》、『昔の人に対面《たいめ》して、いかで世の中の見

りましたところ、この人たちが微笑み、目を交わし合って言うことには、「長年、『昔馴染みの人に対面して、なんとかしてこの世の中で見

聞く事どもを聞こえあはせむ（意志）。このただ今の入道殿下《にふだうでんか》の御有様《おんありさま》をも申《まう》しあはせばや』と思ふに、

聞きする事を互いにお話し申し上げよう。この、今現在の入道殿下の御様子をもお話し申し上げ合いたいなあ』と思うところに、

あはれにうれしくも会ひ申したる（完了・存続）かな。今ぞ心やすく黄泉路《よみぢ》もまかるべき（可能）。おぼしき事言はぬ（打消）は、

本当にうれしいことにお会い申し上げたものだなあ。これで今は安心してあの世へも参ることができよう。心に思っている事を言わないのは、

げにぞ腹《はら》ふくるる心地《ここち》しける（詠嘆）。『かかればこそ、昔の人はもの言はまほしく（願望）なれば、穴を掘りて

本当に腹がふくれる気持ちがするなあ。『こういうわけだから、昔の人は物が言いたくなると、穴を掘って

は言ひ入《い》れ侍りけめ（過去推量）』とおぼえ侍り。かへすがへすうれしく対面したる（完了・存続）かな。さてもいくつにか

は言い入れたのでしょう』と思われます。かえすがえすもうれしいことにお会いしたものだなあ。それにしても、いくつに

完了
なり給《たま》ひぬる」と言へば、
おなりになったのか」と言うと、

問　本文中の助動詞すべてに傍線を引き、その文法的意味を答えなさい。

（解答は右記）

第3章 助詞

助詞1 格助詞「の」

▼傍線部「の」の文法的意味を、後の選択肢から選びなさい。

1 「いかなる人の御馬ぞ。」

「どのような人の御馬か。」

2 白き鳥の、嘴《はし》と脚《あし》と赤き、鴫《しぎ》の大きさなる、水の上に遊びつつ、

白い鳥で、くちばしと脚とが赤い鳥で、鴫《しぎ》の大きさである鳥が、水の上で遊びながら、

3 春たてば花とや見らむ白雪のかかれる枝に鶯《うぐひす》の鳴く

春になるので花だと思って見ているのだろうか。白雪がかかっている枝に鶯が鳴く。

4 草の花はなでしこ。唐《から》のはさらなり、大和《やまと》のもいとめでたし。

草の花は撫子《なでしこ》。中国の撫子は言うまでもなく、日本の撫子もとてもすばらしい。

5 日暮るるほどに、例の集まりぬ。

日が暮れる頃に、いつものように集まった。

6 年十《とを》余りなる童《わらは》の松の枯れ枝を拾ひけるを呼びて、

年が十歳過ぎほどである子供で松の枯れ枝を拾った子供を呼んで、

7 爪《つめ》のいと長くなりにたるを見て、日を数ふれば、今日は子《ね》の日なりければ、切らず。

爪がとても長くなってしまっているのを見て、日を数えると、今日は子《ね》の日であったので、切らない。

8 道信《みちのぶ》の中将の、山吹の花を持ちて上の御局《みつぼね》といへる所を過ぎけるに、

道信の中将が、山吹の花を持って上の御局といっていた所を通り過ぎた時に、

9 いと清げなる僧の、黄なる地の袈裟《けさ》着たるが来て、

とても美しい僧侶で、黄色い生地の袈裟《けさ》を着ている僧侶が来て、

10 御前《おまへ》近き橘《たちばな》の香《か》のなつかしきに、郭公《ほととぎす》の二声ばかり鳴きてわたる。

御前に近い橘の木で香が魅力的な木に、ホトトギスが二声ほど鳴いて渡る。

ア 主格　イ 連体修飾　ウ 同格　エ 準体格　オ 連用修飾

解答		解説
1	イ	「御馬」を修飾
2	ウ	「白い鳥」＝「くちばしと脚とが赤い鳥」
3	ア	「鳴く」の主語は「鶯」
4	エ	「大和の」の「の」も準体格
5	オ	「集まりぬ」を修飾
6	ウ	「十歳過ぎほどである子供」＝「松の枯れ枝を拾った子供」
7	イ	「日」を修飾
8	ア	「持ちて」「過ぎける」の主語は「道信の中将」
9	ウ	「とても美しい僧侶」＝「黄色い生地の袈裟を着ている僧侶」
10	ア	「鳴きてわたる」の主語は「郭公」

☆ 同格の「の」の場合は、下に連体形があることが多いので、まずはそれを手がかりにさがそう。ただし、下に連体形があればすべて同格というわけではない。次に、見つけた連体形の直後に、「の」の上にある名詞を補ってみよう。この段階で「の」＝「で」と訳してみて、うまくいくだろうか。その上で、「の」を「で」と訳して一文として意味が通じれば、その「の」は同格である。

解説文だけではわかりにくいので、次の〔例〕を参照してほしい。

〔例〕 9　いと清げなる僧〜②の＝で③、黄なる地の袈裟着［たる］①連体形〈②僧〜〉が来て、

まず、助動詞「たる」が連体形であることを見つける（①）。次に、「たる」の直後に、「の」の上にある「僧」を補ってみる（②）。この時、「いと清げなる僧」と「黄なる地の袈裟着たる僧」とが同一の人物を指していることを確認しよう。最後に、「の」を「で」と訳して一文を「来て」まで続けて読んで意味が通ることを確認する（③）。「とても美しい僧侶で、黄色い生地の袈裟を着ている僧侶が来て」である。

あわてて「僧侶が」「袈裟を着ている」と考えないように注意しよう。それでは最後の「来て」をうまく訳すことができない。与えられている文は、最後まで読む必要がある。

助詞2　接続助詞「ば」

▼接続助詞「ば」に気をつけて、傍線部を現代語訳しなさい。

1　国王の仰《おほ》せごとを背《そむ》かば、はや殺し給《たま》ひてよかし。
国王のお言葉に背くならば、はやく殺してしまってくださいよ。

2　四日、風吹けば、え出《い》で立たず。
四日、風が吹くので、出立できない。

3　一事《いちじ》を必ずなさんと思はば、他の事の破《や》るるをもいたむべからず。
一つの事を必ず成し遂げようと思うならば、他の事がうまくいかないのを気にしてはならない。

4　京には見えぬ鳥なれば、皆《みな》人見知らず。
京では（姿が）見えない鳥であるので、みんな人々は見てわからない。

5　山里の春の夕暮来てみれば入相《いりあひ》の鐘《かね》に花ぞ散りける
山里の春の夕暮れに来てみると、入相の鐘の音に花が散るのだなあ。

6　用ありて行きたりとも、そのこと果てなば、とく帰るべし。
用事があって行ったとしても、そのことが終わったならば、はやく帰るのがよい。

7　月の都の人まうで来ば、捕《と》らへさせむ。
月の都の人がやってくるならば、捕まえさせよう。

8　矢ごろ少し遠かりければ、海へ一段《いったん》ばかりうち入《い》れたれども、
的までの距離が少し遠かったので、海の中へ一段ほど足を踏み入れたけれども、

9　暁《あかつき》より雨降れば、同じ所に泊まれり。
夜明け前から雨が降るので、同じ所に泊まっている。

10　戸口をさしのぞきたれば、昼寝し給へるほどなりけり。
戸口をのぞいて見たところ、昼寝をなさっている時であるなあ。

（解答は上記・右記）

	解説
1	未然形＋ば
2	已然形＋ば／下の「出立できない」とのつながりも考える
3	未然形＋ば
4	已然形＋ば／下の「みんな人々は見てわからない」とのつながりも考える
5	已然形＋ば／下の「入相の鐘の音に花が散るのだなあ」とのつながりも考える。「来てみるので、花が散る」わけではない
6	未然形＋ば／「な」は助動詞「ぬ」の未然形
7	未然形＋ば／「こば」と読む。読み仮名がないので何形かわかりにくいが、カ変動詞の活用（こ・き・く・くる・くれ・こ／こよ）を考えること。接続助詞「ば」の接続は、〔未然形＋ば〕か〔已然形＋ば〕。もし〔已然形＋ば〕ならば、「来れば」となって、平仮名の「れ」が入るはずである。なので、ここでは〔未然形＋ば〕とわかる
8	已然形＋ば／上下の文脈を考えると、的までの距離が遠かったので、海へ入ったのである
9	已然形＋ば／下の「同じ所に泊まっている」とのつながりも考える。雨で旅を進めることができないのである
10	已然形＋ば／下の「昼寝をなさっている時であるなあ」とのつながりを考える。「のぞいたので、昼寝をしている」わけではない

助詞3 接続助詞「ながら」

▼接続助詞「ながら」に気をつけて、傍線部を現代語訳しなさい。

1 食ひながら、文《ふみ》をも読みけり。
食べながら、書物をも読んだ。

2 日は照りながら雪の頭《かしら》に降りかかりけるを、
日は照っているけれども雪が頭に降りかかったのを、

3 勅書《ちよくしよ》を馬の上ながら捧《ささ》げて見せ奉《たてまつ》るべし。
勅書を馬の上（に乗った）ままで持ち上げてお見せ申し上げるに違いない。

4 （男ノ）身はいやしながら、母なむ宮なりける。
（男の）身分は低いけれども、母親は皇族であった。

5 二人ながらその月の十六日に亡くなりぬ。
二人ともその月の十六日に亡くなった。

6 立ちながらこなたに入《い》りたまへ。
立ったままでこちらに入ってください。

7 源氏《げんじ》の五十余巻《よまき》、櫃《ひつ》に入りながら得て帰る心地《ここち》のうれしさ。
源氏物語の五十巻あまりを、櫃《ひつ》に入ったままで手に入れて帰る気持ちのうれしさ。

8 敵《かたき》ながらも、義平《よしひら》ほどの者を斬《き》らるることこそ遺恨《ゐこん》なれ。
敵であるけれども、義平ほどの者をお斬りになることが残念である。

9 折《をり》につけつつ、一年《ひととせ》ながらをかし。
時節につけては、一年全部（一年中）情趣がある。

10 笑ひながら涙を流す者もありけり。
笑いながら涙を流す者もいた。

（解答は上記）

	解説
1	二つの動作の同時進行を表す／現代語と同じ用法
2	「日」が照るのに「雪」が降る状況／現代文の「～ながらも」が同じ使い方である
3	〔体言＋ながら〕の形はこの用法が多い
4	「男の身分は低いけれど、その母は皇族であった」という意味。皇族は天皇家の血筋をいうので、身分が高い
5	数詞と共に用いられる用法
6	「立ったままでこちらに入ってください」の意味
7	源氏物語をケースごとそっくりもらう時の気持ちを言っている
8	下の文「義平ほどの者をお斬りになることが残念である」から考える／普通、敵なら斬り殺してよいのだが、「義平」は立派な人物なので、「敵であるけれども」殺すのは残念だということ
9	数詞と共に用いられる用法
10	二つの動作の同時進行を表す／「～けれども」と訳せないこともないが、やや強すぎる

☆「まま（で）」・「全部・とも」と訳す用法については、接続助詞とせず、接尾語とする考え方もある。

助詞4　接続助詞「て」「で」「つつ」

▼接続助詞に気をつけて、傍線部の活用形を答えなさい。

1　あやしき家に夕顔の白く見えて、
粗末な家に夕顔が白く見えて、

2　さらに思ひ出《い》でたまふけしき見えで月日経ぬ。
まったく思いだしなさる様子が見えないで月日がたった。

▼接続助詞「で」「つつ」に気をつけて、傍線部を現代語訳しなさい。

3　十月《かんなづき》つごもりなるに、紅葉《もみぢ》散らで盛《さか》りなりけり。
陰暦十月の末であるのに、紅葉が散らないで盛りであったなあ。

4　この女見では、世にあるまじき心地のしければ、
この女を見ないでは、この世に生きていくことができない気持ちがしたので、

5　よろづの人にも知らせ給《たま》はで、みそかに寮《つかさ》にいまして、
すべての人にも知らせなさらないで、こっそりと役所にいらっしゃって、

6　え起きあがり給はで、船底に臥し給へり。
起き上がることがおできにならないで、船底に横たわっていらっしゃる。

7　野山にまじりて竹を取りつつ、よろづのことに使ひけり。
野や山に分け入って竹を切り取っては、いろいろなことに使っていた。

8　かく歌ふを聞きつつ漕ぎ来るに、
このように歌うのを聞きながら（船を）漕いで来ると、

9　とかくしつつののしるうちに、夜ふけぬ。
あれこれしながら大騒ぎするうちに、夜が更けた。

10　かぐや姫を見まほしうて、物も食はず思ひつつ、かの家に行きて、
かぐや姫を見たくて、物も食べずに思いを寄せては、あの家に行って、

（3～10 解答は上記）

	解答	解説
1	連用形	接続助詞「て」の上なので、連用形
2	未然形	接続助詞「で」の上なので、未然形
3		古文の陰暦十月は初冬。普通は紅葉が散っている
4		この女性なしでは生きられないと、強く恋心を抱いている
5		「よろづ」は「万」の意味から、「非常に数が多いこと」や、「すべて・万事」の意味
6		「え～打消」で「～できない」。ここでは接続助詞「で」が打消の語
7		何度も竹を取る動作を反復している
8		歌を聞くのと並行して、船を進めている
9		用事をするのと並行して、大騒ぎしている
10		何度も反復して、かぐや姫のことを思っている

☆7　「つつ」の訳について、①「テハ・ナガラ」と②「続ケテ・ナガラ」の違いは上にくる語による。「取る」のように瞬間的な動作を表す語の場合は①に、「思ふ」のように状態を表す語の場合は②になるが、違いが明確でないことも多く、それほど厳密ではない。

助詞5 接続助詞「とも」「ども」

▼断定の助動詞「なり」を活用させて空欄に入れなさい。

1 あやしき下臈《げらふ》（　　）ども、聖人の戒《いまし》めにかなへり。

身分の低い下臈であるけれども、（彼の言うことは）聖人の訓戒にかなっている。

2 われら義朝《よしとも》の子なれば、女子《によし》（　　）とも、終《つひ》にはよも助けられじ。

私たちは義朝の子供なので、女子であっても、最終的にはまさか命を助けられないだろう。

▼接続助詞「とも」「ども」に気をつけて、傍線部を現代語訳しなさい。

3 秋来《き》ぬと目にはさやかに見えねども風の音にぞおどろかれぬる

秋が来たと目にははっきりと見えないけれども、風の音にふと気付かずにはいられなかった。

4 用ありて行きたりとも、そのこと果てなば、とく帰るべし。

用事があって行ったとしても、そのことが終わったならば、はやく帰るのがよい。

5 唐《から》の物は、薬の他はなくとも事欠《ことか》くまじ。

中国のものは、薬以外はなくても不自由しないだろう。

6 いまだ誠《まこと》の道を知らずとも、縁《えん》を離れて身を閑《しづ》かにし、

まだ仏道を知らないとしても、世俗の生活から脱して自分の身のまわりを静かにし、

7 文を書きてやれども、返りごともせず。

手紙を書いて送るけれども、返事もしない。

8 今は逃《に》ぐとも、よも逃がさじ。

今は逃げるとしても、まさか逃がさないだろう。

9 「いづくなりとも、まかりなむ」と申したまひければ、

「どこであっても、行ってしまおう」と申し上げなさったので、

10 梅が枝《え》に来居《ゐ》る　鶯《うぐひす》　春かけて鳴けどもいまだ雪は降りつつ

梅の枝に来てとまっている鶯が春になって鳴くけれども、まだ雪が降り続いている。

（3〜10 解答は上記）

	解答	解説
1	なれ	接続助詞「ども」の上なので、已然形にする
2	なり	接続助詞「とも」は、動詞・形容動詞型活用語の終止形、また、形容詞型活用語・助動詞「ず」の連用形に付く
3		「ね」は打消の助動詞「ず」の已然形
4		「たり」は完了・存続の助動詞「たり」の終止形
5		「事欠くまじ」は「不自由するまい・困らないだろう・困るまい」でもよい
6		「知らなくても・知らないのであっても」でもよい
7		「やる」は「遣る」と書き、「送る」の意味
8		「逃ぐ」はガ行下二段動詞／「よも〜じ」で「まさか〜ないだろう」
9		「まかりなむ」の「な」は、完了・強意の助動詞「ぬ」の未然形
10		「鶯」は別名を「春告げ鳥」と言う

☆「とも」は仮定的に述べる言い方で、「（たとえ）〜ても」「〜としても」と訳し、逆接の仮定条件を表す。

「ども」はすでに成り立っていることを述べる言い方で、「〜けれども」「〜のに」と訳し、逆接の確定条件を表す。

二つの用法・訳し方を混同しないようにしよう。

助詞6　接続助詞「ものから」「ものを」

▼接続助詞「ものから」「ものを」に気をつけて、傍線部を現代語訳しなさい。

1　石の階《きざはし》、松の柱、おろそかなるものから、めづらかにをかし。
石の階段、松の柱、簡素だけれども、珍しく情趣がある。

2　かたはらいたきものから、うれしと思《おぼ》す。
恥ずかしいけれども、うれしいとお思いになる。

3　言少《ことずく》なるものから、御答《いら》へなど浅からず聞こゆ。
言葉は少ないけれども、お返事などを浅い気持ちでなく申し上げる。

4　都出《い》でて君に逢はむと来しものを来しかひもなく別れぬるかな
都を出てあなたに逢おうと（思って）来たけれども、来た甲斐もなく別れてしまったなあ。

5　「緑《ろく》をたまはらんと思ひつるものを、たまはらずなりぬること。」
「ほうびをいただこうと思ったのに、いただかなくなってしまったことよ。」

6　春の野に若菜摘《つ》まむと来しものを散りかふ花に道は惑《まど》ひぬ
春の野原に若菜を摘もうと（思って）来たけれども、散り乱れる花で道に迷ってしまった。

7　月は有明《ありあけ》にて光収《をさ》まれるものから、影《かげ》さやかに見えて、
月は夜明け前の月で光はなくなっているけれども、姿がはっきりと見えて、

8　（酒ヲ）痛ましうするものから、下戸《げこ》ならぬこそ男《をのこ》はよけれ。
（酒を）つらそうにするけれども、下戸《げこ》でないのが男は良い。

9　諸声《もろこゑ》に鳴くべきものを鶯《うぐひす》は正月《むつき》ともまだ知らずやあるらむ
同時に声を出して鳴くはずなのに、鶯は正月だともまだ知らずにいるのだろうか。

10　大納言《だいなごん》にもまさり給《たま》へるものを、世の人はせちに言ひ落とし聞こゆるこそいとほしけれ。
大納言にもまさっていらっしゃるのに、世の中の人がむやみに悪く言い申し上げるのが気の毒だ。

（解答は上記・右記）

	解説
1	「簡素だけれども、珍しく情趣がある」の意味
2	「恥ずかしいけれども、うれしい」の意味
3	「言葉数は少ないけれども、気持ちは浅くない」の意味
4	「来し」の「し」は、過去の助動詞「き」の連体形
5	「いただこうと思ったのに、いただかなかった」の意味
6	「来し」の「し」は、過去の助動詞「き」の連体形
7	「光はなくなっているけれども、姿ははっきりと見えて」の意味
8	「酒を飲むのをつらそうにはするけれども、飲めないのではない」の意味
9	当時、鶯は一月一日になると鳴くと考えられていた
10	「給へる」の「る」は、完了・存続の助動詞「り」の連体形

☆「ものを」には、文末に用いる終助詞の用法もあるが、その時は「～のになあ」と訳すとうまくいく場合が多い。

名作に親しむ⑨『虫《むし》めづる姫君《ひめぎみ》』冒頭文

1蝶《てふ》めづる姫君《ひめぎみ》の住み給《たま》ふ傍《かたは》らに、按察使《あぜち》の大納言《だいなごん》の御むすめ、心にくくなべてならぬさまに、親たちかしづき給ふこと限りなし。

蝶をかわいがる姫君が住んでいらっしゃる側に、按察使の大納言のお嬢様を、奥ゆかしく並々でない御様子で、親たちが大切にお育てになることはこの上ない。

この姫君の宣《のたま》ふこと、「人々の、花、蝶《てふ》やとめづるこそ、はかなくあやしけれ。人は、まことあり、本地《ほんぢ》たづねたるこそ、心ばへをかしけれ」とて、2よろづの虫の、恐ろしげなるを取り集めて、「これが、成《な》るらむさまを見む」とて、さまざまな籠箱《こばこ》どもに入《い》れさせ給ふ。中にも「烏毛虫《かはむし》の、心深きさましたるこそ心にくけれ」とて、明《あ》け暮《く》れは、耳はさみをして、手のうらにそへふせて、まぼり給ふ。

この大納言の姫君がおっしゃることには、「人々が、花だ、蝶だとかわいがることは、あさはかでわけがわからない。人は、誠実さがあり、物の本質を尋ねているのが、心のありようがすぐれている」と言って、いろいろな虫で、恐ろしそうな虫を取り集めて、「これが、成長するという様子を見よう」と言って、いろいろな籠や箱などに入れさせなさる。中でも「毛虫が、思慮深い様子をしているのが奥ゆかしい」と言って、一日中、髪を耳に挟んで、手のひらに乗せ横たえて、じっと御覧になる。

若き人々はおぢ惑《まど》ひければ、3男《を》の童《わらは》の、ものおぢせず、いふかひなきを召し寄せて、4箱の虫どもを取らせ、名を問ひ聞き、いま新しきには名をつけて、興《きよう》じ給ふ。

若い女房たちはどうしようもなく恐がったので、男の童で、物怖じせず、身分が低い童を呼び寄せなさって、箱の（中の）虫などを取らせ、名前を尋ね聞き、今見つけた新しい虫には名前を付けて、面白がりなさる。

問　格助詞「の」に気をつけて、傍線部1～4を現代語訳しなさい。

（解答は右記）

	解説
1	主格の「の」（＝ガ）
2	同格の「の」（＝デ）
3	同格の「の」（＝デ）
4	連体修飾の「の」（＝ノ）

助詞7 副助詞「だに」

▼副助詞「だに」に気をつけて、傍線部を現代語訳しなさい。

1 夢をだに見ばや。
せめて夢だけでも見たいなあ。

2 ものだに言はれず、ただ泣きに泣く。
ものさえ言うことができず、ただわんわんと泣く。

3 「我に今一度、声をだに聞かせ給《たま》へ。」
「私にもう一度、せめて声だけでも聞かせてください。」

4 なでふ女が真名書《まなぶみ》は読む。むかしは経《きやう》を読むをだに、人は制しき。
どうして女が漢字の書物を読むのか。昔は経を読むのをさえ、人は制止した。

5 「ものをだに聞こえむ。お声をだにしたまへ」と言ひけれど、
「せめてものだけでも申し上げよう。お声だけでもお出しください」と言ったけれど、

6 さらに答《いら》へをだにせず。
まったく返事をさえしない。

7 散りぬとも香《か》をだに残せ梅の花恋《こひ》しき時の思ひ出にせむ
散ってしまうとしてもせめて香だけでも残せ。梅の花よ、恋しい時の思い出にしよう。

8 この願《ぐわん》をだに成就《じやうじゆ》しなば、悲しむべきにあらず。
せめてこの願いだけでも成就したならば、悲しむ必要はない。

9 一文字《いちもんじ》をだに知らぬ者しが、〔酔ッテ〕足は十文字《じふもんじ》に踏みてぞ遊ぶ。
一という文字をさえ知らない者が、（酔って）足は（前後左右に）十文字に踏んで踊り遊ぶ。

10 「光やある」と見るに、蛍《ほたる》ばかりの光だになし。
「光があるか」と見るけれど、蛍ほどの光さえない。

（解答は上記）

	解説
1	文末が「〜ばや」で願望の表現
2	「ものさえも言えないのだから、まして他のことはできない」の意味
3	文末が「給へ」で命令の表現
4	「き」は過去の助動詞／「経でさえ制止するのだから、まして他の書物は制止する」の意味
5	文末が意志の助動詞「む」
6	「返事をさえしないのだから、まして他の話はしない」の意味
7	文末が命令形「残せ」
8	「なば」は〔未然形＋ば〕で仮定の表現／「な」は完了の助動詞「ぬ」の未然形
9	「一という文字さえ知らず、まして他の文字などわからない無学な者」の意味
10	「蛍ほどの光さえなく、ましてそれ以上の光はないので真っ暗だ」の意味

☆ ①「〜さえ」の場合は、「まして（＝まいて）」と呼応して、「Aだに…、ましてBはもっと…」の形を作っている場合もある。

☆ 述語が〔命令・意志・願望・仮定〕などの表現の時は、②「せめて〜だけでも」の意味になることが多い。

助詞8 副助詞「すら」「さへ」

▼副助詞「すら」「さへ」に気をつけて、傍線部を現代語訳しなさい。

1 聖《ひじり》などすら、前《さき》の世のことを夢に見るは、いと難《かた》かなるを、
高僧などでさえ、前世のことを夢に見るのは、とても難しいと聞いているのを、

2 草木すら春は生《お》ひつつ秋は散りゆく。
草木でさえ春は生長しては秋は散ってゆく。

3 言《こと》問《と》はぬ木すら妹《いも》と兄《せ》とあり。
物を言わない木でさえ妹と兄がいる。

4 一昨日《をとつひ》も昨日も今日も見つれども明日さへ見まくほしき君かも
一昨日も昨日も今日も逢ったけれども、明日までも逢いたいあなただなあ。

5 白雪に羽うちかはし飛ぶ雁《かり》の数さへ見ゆる秋の夜《よ》の月
白雪の中に羽根を交わし合って飛ぶ雁の数までも見える秋の夜の月。

6 雨降りふぶきて、かみさへ鳴りてとどろくに、
雨が激しく降って、雷までも（が）鳴って響くところに、

7 いともの悲しと思ふに、時雨《しぐれ》さへうちそそく。
とてももの悲しいと思う上に、時雨までも（が）降る。

8 君さへつらくなるとは思はず。
あなたまでも（が）冷淡になるとは思わない。

9 世になく清らなる玉の男御子《をのこみこ》さへ生まれ給《たま》ひぬ。
この世にないほど美しい玉のような男御子までも（が）お生まれになった。

10 涙をさへこぼして臥《ふ》したり。
涙（を）までもこぼして横になっている。

（解答は上記）

	解　説
1	「高僧でさえ難しいのだから、まして一般の人には難しい」の意味
2	「草木でさえ季節に応じて変化をするのだから、まして人間は時と共に変化する」の意味
3	「物を言わない木でさえ妹と兄があるのだから、まして人間なら妹と兄がいて当然」の意味
4	「三日連続で逢ったのに、その上明日までも」の意味
5	「月が冴えわたっているので、雁の遠景だけでなく、雁の数までも見える」の意味
6	「雨が降っている上に、雷までも」の意味
7	「悲しみに沈んでいる上に、時雨まで降って私をより一層沈ませる」の意味
8	「他の人が冷たくなった上に、あなたまでもが」の意味
9	「夫婦が結ばれた上に、男の子までもが生まれた」の意味
10	「普通に悲しむだけでなく、涙までも流して」の意味

☆ 現代語のまま、「すら」「さえ」と訳してしまいそうになるが、きちんと言い換える習慣をつけよう。

助詞9 副助詞「ばかり」

▼副助詞「ばかり」に気をつけて、傍線部を現代語訳しなさい。

1 三寸《ずん》ばかりなる人、いと美しうて居《ゐ》たり。

三寸くらいである人が、とてもかわいらしく座っている。

2 我ばかりかく思ふにや。

私だけがこのように思うのだろうか。

3 有明《ありあけ》のつれなく見えし別れより暁《あかつき》ばかり憂《う》きものはなし

有明の月がそっけなく見えた別れの朝以来、夜明け前ほどつらいものはない。

4 月影《かげ》ばかりぞ、八《や》重《へ》葎《むぐら》にもさはらずさし入りたる。

月の光だけが、八重葎にも妨げられず差し込んでいる。

5 直衣《なほし》ばかりをしどけなく着なしたまひて、

直衣だけを無造作に着なさって、

6 この二年《ふたとせ》ばかりぞかくてものしはべれど、

この二年ほど（は）このようにしていますけれども、

7 八つ、九つ、十《とを》ばかりなどの男児《をのこご》の、声はをさなげにて、

八歳、九歳、十歳くらいなどの男の子が、声は幼い様子で、

8 頸《くび》もちぎるばかり引きたるに、

首もちぎれるほど引いた時に、

9 夜中ばかりに、人皆《みな》、寝静まりはてて、

夜中くらいに、人はみな、すっかり寝静まって、

10 前栽《せんざい》の露《つゆ》こぼるるばかり濡れかかりたるも、いとをかし。

前栽の露がこぼれるほど濡れてかかっているのも、とても情趣がある。

（解答は上記）

	解説
1	〈程度〉の用法
2	〈限定〉の用法
3	〈程度〉の用法
4	〈限定〉の用法
5	〈限定〉の用法
6	〈程度〉の用法
7	〈程度〉の用法
8	〈程度〉の用法
9	〈程度〉の用法
10	〈程度〉の用法

☆〈限定〉の訳し方は頭に浮かんできやすいが、〈程度〉の方を忘れがちなので注意。

助詞10　副助詞「し」「しも」

▼副助詞「し」「しも」に気をつけて、傍線部を現代語訳しなさい。

1　ほのぼのと明石《あかし》の浦《うら》の朝霧《あさぎり》に島隠《しまがく》れゆく舟をしぞ思ふ

ほのぼのと夜が明けてくる明石の浦の朝霧の中に、島に見え隠れしながら進んで行く船を思う。

2　今日しも端《はし》におはしましけることかな。

今日は端にいらっしゃったことだなあ。

3　急ぎしもせぬほどに月出《い》でぬ。

急ぎもしないうちに月が出てしまった。

4　桜花《さくらばな》散るを惜《を》しまぬ人しなければ、

桜の花が散るのを惜しまない人はいないので、

5　この君をしもいとかなしうし奉《たてまつ》り給《たま》ふ。

この君をとてもかわいがり申し上げなさる。

6　とりたててはかばかしき後見《うしろみ》しなければ、

とりたててしっかりした後見人がいないので、

7　大空の月の光し清ければ影《かげ》見し水ぞまづ氷《こほ》りける

大空の月の光が澄んでいるので、月の姿を映して見た水がまず凍ったのだなあ。

8　今し、羽根といふ所に来ぬ。

今、羽根という所に来た。

9　春の海に秋の木の葉しも散れるやうにぞありける。

春の海に秋の木の葉が散っているようであった。

10　唐衣《からころも》きつつなれにしつましあればはるばるきぬる旅をしぞ思ふ

唐衣を着ているうちに馴染んで柔らかくなった褄《つま》のように、長年慣れ親しんだ妻がいるので、はるばるとやってきた旅を思う。

（解答は上記）

	解　説
1	「し」をサ変動詞などと勘違いしないこと
2	「今日」を強調している
3	「し」を過去の助動詞などと勘違いしないこと
4	「しな」をナ変動詞などと勘違いしないこと
5	「この君」を強調している
6	「し」をサ変動詞などと勘違いしないこと
7	「光」を強調している
8	「今」を強調している
9	「木の葉」を強調している
10	「旅」を強調している

☆副助詞の「し」「しも」は、取り除いても文意が通じる。迷ったら、一度取り除いてみよう。

〔例〕1　舟をしぞ思ふ　→　（「し」を取り除くと）→　舟をぞ思ふ

3　急ぎしもせぬほど　→　（「し」を取り除くと）→　急ぎもせぬほど

☆「しも」は、「し（副助詞）＋も（係助詞）」から成り立っている。一語の副助詞「しも」と考えてもよいし、「し＋も」と考えてもかまわない。

名作に親しむ⑩　『小倉百人一首《おぐらひゃくにんいっしゅ》』

吹くからに　[1]秋の草木《くさき》の　しをるれば　むべ山風《やまかぜ》を　嵐《あらし》と言ふらむ　文屋康秀《ふんやのやすひで》

吹くとたちまちに秋の草木がしおれるので、なるほど（それで）山から吹く風を「嵐」と言っているのだろう。

難波潟《なにはがた》　みじかき葦《あし》の　ふしの間《ま》も　[2]あはでこの世《よ》を　すぐしてよとや　伊勢《いせ》

難波潟に生える短い葦の節の間のような短い時間でも、（あなたと）逢わないでこの世を過ごしてしまえというのか。

小倉山《をぐらやま》　峰《みね》のもみぢ葉《ば》　[3]心あらば　今ひとたびの　行幸《みゆき》待たなむ　貞信公《ていしんこう》

小倉山の峰の紅葉の葉よ、（おまえに）心があるならば、もう一度の行幸を待ってほしい。

夏の夜《よ》は　[4]まだ宵《よひ》ながら　明《あ》けぬるを　雲のいづこに　月宿《やど》るらむ　清原深養父《きよはらのふかやぶ》

夏の（短い）夜はまだ宵のまま（で）明けてしまったが、雲のどのあたりに月は宿っているのだろうか。

君がため　惜《を》しからざりし　[5]命さへ　長くもがなと　思ひけるかな　藤原義孝《ふじわらのよしたか》

あなたのために（死んでもいいと）惜しくなかった命までも、（あなたと結ばれた今は）長くあればいいなあと思ったことだなあ。

[6]明けぬれば　暮《く》るるものとは　知りながら　なほ恨めしき　朝ぼらけかな　藤原道信朝臣《ふじわらのみちのぶあそん》

（夜が）明けてしまうと（また）日が暮れるものとは知っているけれども、やはり恨めしい明け方だなあ。

恨みわび　干《ほ》さぬ[7]袖《そで》だに　あるものを　恋に朽《く》ちなむ　名こそ惜しけれ　相模《さがみ》

恨み悲しんで（涙を）乾かす間もない袖でさえ（ちゃんと）あるのに、恋（の浮き名）で朽ちてなくなってしまう（私の）評判が惜しいことだ。

[8]春の夜《よ》の　夢ばかりなる　手枕《たまくら》に　かひなく立たむ　名こそ惜しけれ　周防内侍《すおうのないし》

春の（短い）夜の夢ほどの（はかない）手枕で腕《かいな》を借りて、甲斐のないことに立つ（私の）浮き名が惜しいことだ。

問　接続助詞・副助詞に気をつけて、傍線部1～8を現代語訳しなさい。

（解答は右記）

	解説
1	接続助詞「ば」―〔已然形＋ば〕
2	接続助詞「で」
3	接続助詞「ば」―〔未然形＋ば〕
4	接続助詞「ながら」
5	副助詞「さへ」
6	接続助詞「ば」―〔已然形＋ば〕／接続助詞「ながら」
7	副助詞「だに」
8	副助詞「ばかり」

助詞11 終助詞「もがな・がな」「てしがな・にしがな」「ばや」

▼願望の終助詞に気をつけて、傍線部を現代語訳しなさい。

1 心ある友もがな。
風流心のある友がいれば（いい）なあ。〔友がほしいなあ。〕

2 いかでとく都へもがな。
なんとかしてはやく都へ行ければいいなあ。

3 世の中にさらぬ別れのなくもがな。
世の中に死別がなければ（いい）なあ。

4 あはれ、よからむ敵《かたき》がな。
ああ、よいような敵がいれば（いい）なあ。〔敵がほしいなあ。〕

5 かの君達《きんだち》をがな。つれづれなるあそび敵《がたき》に。
あの姫君達がいれば（いい）なあ。退屈な時の遊び相手に。

6 都に行きてしがな。
都に行きたいなあ。

7 しばし心にまかせてもありにしがな。
しばらく自分の思い通りにもして暮らしたいなあ。

8 かの男のがり行かばや。
あの男の所へ行きたいなあ。

9 大将に聞かせばや。
大将に聞かせたいなあ。

10 「いましばしもあらばや」と思へど、出《い》で立つ。
「もうしばらくの間でもいたいなあ」と思うけれども、出立する。

（解答は上記）

	解説
1・2・3	終助詞「もがな」は、1のように体言に付くことが多いが、それだけではなく、2や3のように、助詞や形容詞、打消の助動詞の連用形など種々の語に付く／2の場合は内容を考えて語を補う必要がある
4・5	終助詞「がな」は、体言や格助詞「を」に付くことが多い
6・7	終助詞「てしがな・にしがな」の上は連用形／自分にとって起こってほしい願望を表すので、原則として主語が一人称
8・9・10	終助詞「ばや」の上は未然形／自分にとって起こってほしい願望を表すので、原則として主語が一人称 10の「あり」は「いる・留まる」の意味

助詞12 終助詞「なむ」

▼終助詞「なむ」に気をつけて、傍線部を現代語訳しなさい。

1 いつしか梅咲かなむ。
早く梅が咲いてほしい。

2 しばしも弾きたまはなむ。
しばらくの間お弾きになってほしい。

3 惟光《これみつ》、とく参らなむ。
惟光が、はやく参上してほしい。

4 いかにもいかにもかけて言はざらなむ。
どのようにもどのようにも決して言わないでほしい。

5 （中宮様ガ）入らせたまはぬ先に雪降らなむ。
（中宮様が）お入りにならない先に雪が降ってほしい。

6 桜花《さくらばな》、散るといふこと習はざらなむ。
桜の花よ、散るということは習わないでほしい。

7 萌《も》え出《い》づる春にあひたまはなむ。
植物が芽を出す春にお会いになってほしい。

8 糸鹿《いとか》の山の桜花《さくらばな》、散らずあらなむ。
糸鹿の山の桜の花よ、散らないで（いて）ほしい。

9 かきくもり雨も降らなむ。
空が暗くなり雨も降ってほしい。

10 ことならば言《こと》の葉《は》さへも消えななむ見れば涙の滝まさりけり
同じことならば、言葉までも消えてしまってほしい。見ると涙が滝のように水かさが増すのだなあ。

（解答は上記）

	解説
1	「いつしか」は、願望表現と呼応して「早く」と訳す
2	「たまは」は、尊敬の補助動詞「たまふ」の未然形
3	「参ら」は、謙譲の動詞「参る」の未然形
4	「ざら」は、打消の助動詞「ず」の未然形。原則では、助動詞「ず」の左行の下には助動詞が付くが、中世以降はそうでない例がある。これもその形
5	「降ら」は、四段動詞「降る」の未然形
6	桜の花が散らないでほしいということを、一工夫した表現
7	寒い冬を越えて、活力あふれる春にめぐり会ってほしいと、他者に願う気持ち
8	「あら」は、ラ変動詞「あり」の未然形
9	「かきくもり」は、「空が急に暗くなる」という意味
10	亡き父の遺した和歌を見て、あらためてこみ上げる悲しみを詠んだ和歌

☆10「ななむ」の最初の「な」は、完了・強意の助動詞「ぬ」の未然形。

☆終助詞の「なむ」は、「未然形＋なむ」になっていることを確認することと、「～テホシイ」という訳をしっかりと覚えることが重要。他の「なむ」との識別は、「識別3（問題冊子P100）」で練習しよう。

助詞13 終助詞「かな」「かし」「そ」

▼終助詞「かな」「かし」「そ」に気をつけて、現代語訳しなさい。

1 人の心は愚かなるものかな。
人の心は愚かなものだなあ。

2 いと美しかりつる児《ちご》かな。
たいそうかわいかった子供だなあ。

3 限りなく遠くも来にけるものかな。
この上なく遠くにも来てしまったものだなあ。

4 口惜《くちを》しきことぞかし。
残念なことだよ。

5 詠《よ》みつべくは、はよ言へかし。
たしかに詠むことができるのなら、はやく言えよ。

6 やがて尼《あま》になりぬかし。
そのまま尼になってしまったよ。

7 いま一度起こせかし。
もう一度起こせよ。

8 夜の雨に涙な添へそ。
夜の雨に涙を添えるな。

9 月な見たまひそ。
月を御覧になるな。

10 生駒《いこま》山、雲な隠しそ。
生駒山を、雲よ隠すな。

(解答は上記)

<table>
<tr><th></th><th>解説</th></tr>
<tr><td>1</td><td rowspan="3">終助詞「かな」は、体言または活用語の連体形に付き、「ダナア・コトヨ」と訳す／平安時代以降、和歌と会話文に多く用いられる／現代語の「かな?」と訳してしまわないように注意</td></tr>
<tr><td>2</td></tr>
<tr><td>3</td></tr>
<tr><td>4</td><td rowspan="4">終助詞「かし」は、文の言い切りの形に付いて強く念を押す意味を表し、「ヨ・ダヨ・ネ」と訳す／5のように命令形について、命令表現をさらに強めることが多い／現代語の「かしら?」と訳してしまわないように注意</td></tr>
<tr><td>5</td></tr>
<tr><td>6</td></tr>
<tr><td>7</td></tr>
<tr><td>8</td><td rowspan="3">終助詞「そ」は、主に連用形（カ変・サ変は未然形）に付き、副詞「な」と呼応して、柔らかい禁止の意味を表す／「動詞の終止形+な」に比べて、相手の動作を穏やかに制止する場合の表現</td></tr>
<tr><td>9</td></tr>
<tr><td>10</td></tr>
</table>

助詞14　係助詞「もぞ」「もこそ」

▼係助詞「もぞ」「もこそ」に気をつけて、傍線部を現代語訳しなさい。

1　雨もぞ降る。
雨が降るといけない。〔雨が降ったら大変だ。〕

2　わづらはしきこともぞある。
わずらわしい事があるといけない。〔わずらわしい事があったら大変だ。〕

3　けしからぬ者などはのぞきもぞする。
よくない者たちがのぞくといけない。〔のぞいたら大変だ。〕

4　罪《つみ》もぞ得給《たま》ふ。
罪を得なさるといけない。〔罪を得なさったら大変だ。〕

5　おろそかなることもぞ。
不十分なことがあるといけない。〔あったら大変だ。〕

6　「人もこそ来れ」と思ふも、静心《しづこころ》なくて、
「人が来るといけない〔人が来たら大変だ〕」と思うにつけても、落ち着いた気持ちもなくて、

7　人あやしと見とがめもこそすれ。
人が不審だと見とがめるといけない。〔見とがめたら大変だ。〕

8　烏《からす》などもこそ見つくれ。
烏などが見つけるといけない。〔見つけたら大変だ。〕

9　聞きもこそすれ。
聞くといけない。〔聞いたら大変だ。〕

10　誤りもこそあれと、怪しむ人あり。
間違いがあるといけない〔間違いがあったら大変だ〕と、不審に思う人がいる。

（解答は上記）

<table>
<tr><th></th><th>1</th><th>2</th><th>3</th><th>4</th><th>5</th><th>6</th><th>7</th><th>8</th><th>9</th><th>10</th></tr>
<tr><td>解説</td><td colspan="5">「もぞ」は、係助詞「も」の意味を、係助詞「ぞ」で強めた表現／悪い事態を予測し、危ぶんだり、心配したりする意味を表す／係り結びの法則によって連体形で結ぶ
3は逐語訳は「のぞきをするとけない」だが、「のぞくといけない」でよい
5では、文末の「ある」が省略されているので、補って訳す</td><td colspan="5">「もこそ」は、係助詞「も」の意味を、係助詞「こそ」で強めた表現／悪い事態を予測し、危ぶんだり、心配したりする意味を表す／文末は、係り結びの法則によって已然形で結ぶ
7の逐語訳は「見とがめることをするといけない」だが、「見とがめるといけない」でよい
8の「見つくれ」は、下二段動詞「見付く」の已然形
9の「聞き」は、「聞くこと」の意味で用いられている。「聞くことをするといけない」が逐語訳だが、「聞くといけない」でよい</td></tr>
</table>

☆成り立ちは、「も（係助詞）+ぞ（係助詞）」、「も（係助詞）+こそ（係助詞）」。

名作に親しむ⑪『宇治拾遺物語《うじしゅういものがたり》』ちごのそら寝

これも今は昔、比叡《ひえ》の山に児《ちご》ありけり。僧たち、宵《よひ》のつれづれに、「いざ掻餅《かいもちひ》せん」といひけるを、この児、心寄せに聞きけり。『さりとて、し出《い》ださんを待ちて寝ざらんもわろかりなん』と思ひて、片方《かたかた》に寄りて、寝たる由《よし》にて出《い》で来《く》るを待ちけるに、すでにし出だしたるさまにて、ひしめき合ひたり。

これも今では昔のことだが、比叡山の延暦寺に児《ちご》がいた。僧たちが、宵の手持ちぶさたに、「さあ、ぼた餅を作ろう」と言ったのを、この児は、期待して聞いた。『そうかといって、作り出すようなのを待って寝ないようなのもきっと良くないだろう』と思って、部屋の端によって、寝ているふりで出来てくるのを待ったところ、すでに作り出している様子で、騒ぎ合っている。

この児、『さだめて驚《おどろ》かさんずらん』と待ちゐたるに、僧の、「物申し候《さぶら》はん。驚かせ給《たま》へ」といふを、『うれし』とは思へども、『ただ一度に答《いら》へんも、[1]待ちけるかともぞ思ふ』とて、『今一声《いまひとこゑ》呼ばれて答へん』と念じて寝たるほどに、「や、[2]な起こし奉《たてまつ》りそ。幼き人は寝入《い》り給ひにけり」といふ声のしければ、『あなわびし』と思ひて、『[3]今一度《いまいちど》起こせかし』と思ひ寝に聞けば、ひしひし

この児は、『きっと起こすだろう』と待っていると、僧が、「もしもし。起きてください」と言うのを、『うれしい』とは思うけれども、『ただ一回で返事をするのも、待っていたかと思うといけない』と思って、『もう一度呼ばれて返事をしよう』と我慢して寝ている時に、「これ、お起こし申し上げるな。幼い人はお眠りになってしまったことだよ」と言う声がしたので、『ああつらい』と思って、『もう一度起こせよ』と思いながら寝て聞くと、むしゃむしゃ

とただ食ひに食ふ音のしければ、すべなくて、無期《むご》の後《のち》に、「えい」と答へたりければ、僧たち笑ふ事限りなし。

とただしきりに食べる音がしたので、どうしようもなくて、うんと時間がたった後で、「はい」と返事をしたので、僧たちが笑うことはこの上ない。

問　終助詞・係助詞に気をつけて、傍線部1〜3を現代語訳しなさい。

（解答は右記）

	解説
1	係助詞「も＋ぞ」―〔もぞ〜連体形〕
2	終助詞「そ」―〔な〜そ〕
3	終助詞「かし」

第4章 敬語

敬語1 尊敬語（本動詞）

▼尊敬語に気をつけて、傍線部を現代語訳しなさい。

1 「ここにおはします」と言へば、
「ここにいらっしゃる」と言うと、

2 「かたじけなくなん」とのたまふ。
「もったいないことでございます」とおっしゃる。

3 「いとらうたし」とおぼす。
「とても愛らしい」とお思いになる。

4 童《わらは》の姿どものをかしげなるをごらんず。
子供たちの姿がかわいらしいのを御覧になる。

5 御乳母《めのと》などを遣《つか》はしつつ、ありさまをきこしめす。
御乳母などをおつかわしになっては、様子をお聞きになる。

6 御几《き》帳《ちやう》ひき隔てておほとのごもる。
御几帳を立ててしきってお休みになる。

7 学生《がくしやう》十人をめす。
学生十人をお呼びになる。

8 公《おほやけ》よりも多くの物たまはす。
天皇からも多くの物をお与えになる。〔くださる。〕

9 僧都《そうづ》の君《きみ》・阿《あ》闍《ざ》梨《り》良光《よしみつ》の君おはす。
僧都の君と阿闍梨良光の君がいらっしゃる。

10 「いづれに落《お》つるにか」とのたまはす。
「どこに落ちるだろうか」とおっしゃる。

（解答は上記・右記）

	解説
1	「あり」「をり」の尊敬語
2	「言ふ」の尊敬語
3	「思ふ」の尊敬語
4	「見る」の尊敬語
5	「聞く」の尊敬語
6	「寝《ぬ》」「寝《い》ぬ」の尊敬語
7	「呼ぶ」の尊敬語
8	「与ふ」の尊敬語
9	「あり」「をり」の尊敬語
10	「言ふ」の尊敬語

☆ 尊敬語の訳し方の基本は「オ〜ニナル・〜ナサル・〜テイラッシャル」。「いらっしゃる」「召し上がる」など、現代語でそれにあたる表現がある場合はそちらを使うのがよい。

敬語2　謙譲語（本動詞）

▼謙譲語に気をつけて、傍線部を現代語訳しなさい。

1　客人《まらうど》にきこゆ。
客に申し上げる。

2　御階《みはし》のもとに寄りて、花どもたてまつる。
御階のところに近寄って、花々をさしあげる。

3　大蔵卿《おほくらきやう》・蔵人《くらうど》、つかうまつる。
大蔵卿と蔵人が、お仕え申し上げる。

4　あはれなりつること、忍《しの》びやかに奏す。
しみじみとしたことを、ひっそりと天皇〔上皇〕に申し上げる。

5　「かうかうのこと侍《はべ》れば、内に遅くまゐる。」
「こういう事情がございますので、内裏に遅く参上する。」

6　この尼君《あまぎみ》、初瀬《はつせ》にまうづ。
この尼君は、長谷寺に参詣する。

7　禄《ろく》・品々たまはる。
ほうびや品物などをいただく。

8　殿上人《てんじやうびと》あまたさぶらふ。
殿上人が大勢お仕え申し上げる。〔伺候する。〕

9　御くだものなど（中宮に）まゐらす。
木の実などのおやつを（中宮に）さしあげる。

10　いと興《きよう》あることをもうけたまはるかな。
たいそうおもしろいことをお聞きするなあ。〔お聞き申し上げるなあ。〕

（解答は上記）

	解説
1	「言ふ」の謙譲語
2	「与ふ」の謙譲語
3	「仕ふ」の謙譲語
4	「奏す」は相手が天皇か上皇（法皇）
5	「行く」の謙譲語
6	寺や神社に行く時は「参上する」より「参詣する」がふさわしい
7	「受く」の謙譲語
8	「仕ふ」の謙譲語
9	「与ふ」の謙譲語
10	「聞く」の謙譲語

☆謙譲語の訳し方の基本は「（オ）〜申シ上ゲル」「オ〜スル」。「さしあげる」「いただく」など、現代語でそれにあたる表現がある場合はそちらを使うのがよい。

敬語3 「候ふ」「侍り」（謙譲語・丁寧語）

▼傍線部「候ふ」「侍り」について、謙譲語か丁寧語かを答えなさい。

1 心ざしを励まして、強《し》ひて（源氏ノ君ニ）候《さぶら》ひつ。
気持ちを強くして、無理に（源氏の君に）お仕え申し上げた。（伺候した。）

2 夕《ゆふべ》まで（大臣ノ側ニ）侍《はべ》りて、罷《まか》り出《い》でける折に、
夕方まで（大臣の側に）お仕え申し上げて、（伺候して、）退出した時に、

3 御前《ごぜん》にさぶらふ物は、御琴《こと》も御笛《ふえ》も、みな珍しき名つきてぞある。
帝のお手許にあります物は、御琴も御笛も、みんな珍しい名前がついている。

4 「いかなる所にかこの木は候ひけむ。」
「どんな所にこの木はありましたのでしょうか。」

5 「目も見え侍らぬに、」
「目も見えませんのに、」

6 「今日しも、かしこく参りさぶらひにけり。」
「ちょうど今日、うまい具合に参上しましたなあ。」

7 帝《みかど》の御前《おまへ》に夜昼さぶらひたまひて、
帝の御前に夜も昼もお仕え申し上げなさって、（伺候なさって、）

8 「夜更《よふ》け侍りぬべし。」
「夜が更けてしまうに違いありません。」

▼傍線部を現代語訳しなさい。

9 「まろは端《はし》に寝侍らむ。」
「私は端に寝ましょう。」

10 「年二十五にいたるまで、仏に侍りけり。」
「年が二十五になるまで、仏にお仕え申し上げていた。」

（9・10 解答は上記・右記）

	解答	解説
1	謙譲語	源氏の君の側にいるという意味
2	謙譲語	大臣の側にいるという意味
3	丁寧語	帝の前の場面だが、主語が「笛」「琴」なので「お仕え申し上げる」は変
4	丁寧語	主語が「木」なので「お仕え申し上げる」は変
5	丁寧語	動詞「見え」に接続している丁寧の補助動詞
6	丁寧語	動詞「参り」に接続している丁寧の補助動詞
7	謙譲語	帝に奉仕するという意味
8	丁寧語	動詞「更け」に接続している丁寧の補助動詞
9		動詞「寝」に接続している丁寧の補助動詞
10		「お仕え申し上げる」は相手が人間の時だけでなく、神仏に対しても使う（「仏に伺候する」とは言わない）

☆ 謙譲語 … 「（貴人等に）オ仕エ申シ上ゲル・伺候スル」
丁寧語 … 「アリマス・オリマス・ゴザイマス・〜マス・〜デス」

☆ 「侍り」「候ふ」が謙譲の本動詞か丁寧の本動詞かは内容から判断する。貴人等に奉仕している場合は謙譲語である。単純に人や物の存在を示している場合は丁寧語である。

☆ 「侍り」「候ふ」が補助動詞の場合にはすべて丁寧語である。

敬語4　敬語の種類

▼①　傍線部に含まれる敬語について、敬語の種類（尊敬語・謙譲語・丁寧語）を答えなさい。
②　傍線部を現代語訳しなさい。

1　この君にたてまつらむ。
この君にさしあげよう。

2　「この夜《よ》さりなん渡りぬる」と答へはべり。
「今夜出かけた」と答えます。

3　綺羅《きら》などは人々にたまはす。
美しい衣服などは、女房たちにお与えになる。〔くださる。〕

4　昔、惟喬《これたか》の親王《みこ》と申す親王《しんわう》おはしましけり。
昔、惟喬の親王と申し上げる親王がいらっしゃった。

5　御土器《かはらけ》たまはりて、
御酒杯をいただいて、

6　大臣《おとど》の君《きみ》、すこしおほとのごもりて、
大臣の君は、すこしお休みになって、

7　母君、泣く泣く奏して、
母君は、泣きながら天皇〔上皇〕に申し上げて、

8　「心憂《う》くこそ」などきこえて、御簾《みす》の前にゐ給《たま》へば、
「つらくて」などと申し上げて、御簾の前に座っていらっしゃると、

9　内裏《うち》にも、「かかる人あり」ときこしめして、
内裏でも、「こんな人がいる」とお聞きになって、

10　上にさぶらふ典侍《ないしのすけ》は、先帝《せんだい》の御時《おほんとき》の人にて、
天皇にお仕え申し上げる〔伺候する〕典侍は、前の天皇の御時代の人で、

（②解答は上記）

	①解答	解　説
1	謙譲語	「与ふ」の謙譲語／「む」は意志の助動詞
2	丁寧語	上の「答へ」に意味を添える補助動詞
3	尊敬語	「与ふ」の尊敬語
4	尊敬語	「あり」の尊敬語／「けり」は過去の助動詞
5	謙譲語	「受く」の謙譲語
6	尊敬語	「寝《ぬ》」「寝《い》ぬ」の尊敬語
7	謙譲語	「天皇（上皇）に言ふ」の謙譲語
8	謙譲語	「言ふ」の謙譲語
9	尊敬語	「聞く」の尊敬語
10	謙譲語	文中に「上（＝天皇）」とあるので、「お仕え申し上げる」の意味と考える

敬語5　本動詞と補助動詞

▼① 傍線部に含まれる敬語について、本動詞か補助動詞かを答えなさい。
② 敬語に気をつけて、傍線部を現代語訳しなさい。

1 御車のしりにて、二条院におはしましぬ。
御車の後部に乗って、二条院にいらっしゃった。

2 らうがはしき大路《おほぢ》に立ちおはしまして、
混雑した大通りにお立ちになって、

3 玉の男《をのこ》皇子《みこ》さへ生まれたまひぬ。
玉のような男の皇子までもがお生まれになった。

4 さるべき物どもたまひ、
謝礼にふさわしい物などをお与えになり、〔くださり、〕

5 「いといみじ」と見たてまつりて、
「とても悲しい」と見申し上げて、〔拝見して、〕

6 簾《すだれ》すこしあげて、花たてまつるめり。
簾を少しあげて、花をさしあげるようだ。

7 薬の壺《つぼ》に御文《ふみ》添《そ》へてまゐらす。
薬の壺にお手紙を添えてさしあげる。

8 宮もおはしますを見まゐらすれば、
宮もいらっしゃるのを見申し上げると、〔拝見すると、〕

9 御前《おまへ》にさぶらふ人々、ものいと心細くて、
御前にお仕え申し上げる〔伺候する〕女房たちは、なにかむしょうに心細くて、

10 とり殺さむと思ひさぶらふに、
とりついて相手を殺そうと思います時に、

（②解答は上記）

	①解答	解説
1	本動詞	「行く」の尊敬語／「ぬ」は完了の助動詞
2	補助動詞	上の動詞「立ち」に尊敬の意味を添えている
3	補助動詞	上の動詞「生まれ」に尊敬の意味を添えている／「ぬ」は完了の助動詞
4	本動詞	「与ふ」の尊敬語
5	補助動詞	上の動詞「見」に謙譲の意味を添えている
6	本動詞	「与ふ」の謙譲語／「めり」は推定の助動詞
7	本動詞	「与ふ」の謙譲語
8	補助動詞	上の動詞「見」に謙譲の意味を添えている／已然形＋ば
9	本動詞	「仕ふ」の謙譲語
10	補助動詞	上の動詞「思ひ」に丁寧の意味を添えている

敬語6　敬意の方向

▼傍線部の敬語について、①敬語の種類、②誰から誰に対する敬意かを答えなさい。

1　皇女《ひめみこ》たちなどもおはしませば、
皇女たちなどもいらっしゃるので、

2　（入道）「いかで、かかるついでにこの君に奉《たてまつ》らむ。」
（入道）「なんとかして、このような機会に源氏の君にさしあげよう。」

3　上も聞こしめして、愛《め》でさせ給《たま》ひ、
天皇もお聞きになって、お誉めになり、

4　翁《おきな》、皇子《みこ》に申《まう》すやう、「いづこにかこの木はさぶらひけむ。」
翁が、皇子に申し上げることには、「どこにこの木はありましたのでしょうか。」

5　上のおはしまして、大殿《おほとの》ごもりたり。
天皇がいらっしゃって、お休みになった。

6　（子）「ここにわが親を据ゑたてまつりて、拾ひ出でむ木の実をもまづまゐらせばや。」
（子）「ここに自分の親を置き申し上げて、探して拾うような木の実をもはじめに差し上げたいなあ。」

7　（元輔《もとすけ》ガ）「しばし待て。君達《きんだち》に聞こゆべき事あり。」
（元輔が）「ちょっと待て。貴公子方に申し上げなければならない事がある。」

8　母君も（天皇ニ）とみにえものものたまはず。
母君も（天皇に）すぐにはものをおっしゃることができない。

9　その日、式部卿《しきぶきやう》の親王《みこ》亡せたまひぬるよし奏するに、
その日、式部卿の親王がお亡くなりになってしまったことを天皇（上皇・法皇）に申し上げる時に、

10　（玉鬘《たまかづら》ガ夕霧《ゆふぎり》ニ）「あやしくものあはれなるわざにはべりけれ。」
（玉鬘が夕霧に）「不思議なほどにしみじみと情趣のあることでございますなあ。」

	①解答	②解答	解　説
1	尊敬語	作者から皇女たちに対する敬意	「おはしませ」は尊敬語なので、動作の主体である「皇女たち」に対する敬意
2	謙譲語	入道から源氏の君に対する敬意	「奉ら」は謙譲語なので、動作の客体である「この君（源氏の君）」に対する敬意
3	尊敬語	作者から天皇に対する敬意	「聞こしめし」は尊敬語なので、動作の主体である「上（天皇）」に対する敬意
4	丁寧語	翁から皇子に対する敬意	「さぶらひ」は丁寧語なので、会話の聞き手である「皇子」に対する敬意
5	尊敬語	作者から天皇に対する敬意	「大殿ごもり」は尊敬語なので、動作の主体である「上（天皇）」に対する敬意
6	謙譲語	子から（わが）親に対する敬意	「まゐらせ」は謙譲語なので、動作の客体である「（わが）親」に対する敬意
7	謙譲語	元輔から君達に対する敬意	「聞こゆ」は謙譲語なので、動作の客体である「君達」に対する敬意
8	尊敬語	作者から母君に対する敬意	「のたまは」は尊敬語なので、動作の主体である「母君」に対する敬意
9	謙譲語	作者から天皇に対する敬意	「奏する」は謙譲語なので、動作の客体である天皇（上皇・法皇）に対する敬意／「奏す」は「天皇（上皇・法皇）に申し上げる」
10	丁寧語	玉鬘から夕霧に対する敬意	「はべり」は丁寧語なので、会話の聞き手である「夕霧」に対する敬意

☆会話文中の場合、会話の話し手からの敬意を表す。

☆尊敬語は、動作主に対する敬意を表す。「誰が」その動作をしているのか考えるとよい。

☆謙譲語は、動作の受け手に対する敬意を表す。「誰に」対してその動作をしているのか、「誰を」相手にその動作をしているのか考えるとよい。

☆丁寧語は、会話の聞き手に対する敬意を表す。

名作に親しむ⑫『竹取物語《たけとりものがたり》』ふじの山

中将《ちゆうじやう》、人々引き具《ぐ》して帰り参り[1]て、かぐや姫を、え戦ひとめずなりぬること、こまごまと奏す[2]。
中将は、人々を引き連れて帰参して、かぐや姫を、戦って引き止めることができなくなってしまったことを、くわし
く天皇に申し上げる。
薬の壺《つぼ》に御文《ふみ》そへて参らす[3]。ひろげて御覧じ[4]て、いとあはれがらせ給《たま》ひて、物もきこしめさず[5]。
薬の入った壺にお手紙を添えてさしあげる。広げて御覧になって、たいそうしみじみと悲しくお思いになって、食べ物も
召し上がらない。
御遊びなどもなかりけり。大臣《だいじん》・上達部《かんだちべ》を召して、「いづれの山か天に近き」と問はせ給ふに、
管弦のお遊びなどもなかった。大臣や上達部をお呼びになって、「どの山が天に近いか」とお尋ねになると、
ある人奏す。「駿河《するが》の国にあるなる山なむ、この都も近く、天も近く侍《はべ》る[6]」と奏す。これを聞か
ある人が天皇に申し上げる。「駿河の国にあるとかいう山が、この都にも近く、天にも近いです」と天皇に申し上げる。
これをお聞き
せ給ひて、
になって、

あふこともなみだにうかぶ我《わ》が身には死なぬ薬も何にかはせむ
かぐや姫に会うこともないので涙に浮かんでいる私の身には、死なない薬も何になろうか、いや何にもならない。

かの奉《たてまつ》る[7]不死の薬に、文、壺具《ぐ》して御使《つかひ》に賜《たま》はす[8]。勅使《ちよくし》には、つきのいはがさといふ人を召し[9]
例のさしあげた不死の薬に、お手紙と壺を添えてお使者にお与えになる。勅使には、つきのいはがさという人をお呼
びになっ
て、駿河の国にあなる山の頂《いただ》きにもてつくべきよし仰せ給ふ。峰にてすべきやう教へさせ給ふ。御文、
て、駿河の国にあるとかいう山の頂上に持っていけということをおっしゃる。山の峰でするべきことをお教えになる。御
手紙と、

不死の薬の壺ならべて、火をつけて燃やすべきよし仰せ給ふ。そのよし10うけたまはりて、士《つはもの》ども
不死の薬の壺を並べて、火をつけて燃やせということをおっしゃる。その旨《むね》をお聞きして、兵士たちを
あまた具して山へのぼりけるよりなむ、その山を「ふじの山」とは名づける。その煙《けぶり》、いまだ
たくさん連れて山へ登ったことから、その山を「ふじの山」と名付けた。その煙は、今でも
雲の中へ立ちのぼるとぞ、いひ伝へたる。
雲の中へ立ち上ると、言い伝えている。

問　傍線部1～10の敬語の種類を答えなさい。

	解答	解　説
1	**謙譲語**	「参上する」
2	**謙譲語**	「天皇・上皇に申し上げる」
3	**謙譲語**	「さしあげる」
4	**尊敬語**	「御覧になる」
5	**尊敬語**	「召し上がる」
6	**丁寧語**	「～です・ございます」
7	**謙譲語**	「さしあげる」
8	**尊敬語**	「お与えになる・くださる」
9	**尊敬語**	「お呼びになる」
10	**謙譲語**	「お受けする・お聞きする」

敬語7　二重尊敬「せ給ふ」「させ給ふ」

▼① 傍線部に含まれる助動詞「す」「さす」「しむ」を抜き出して、その意味を答えなさい。
② 抜き出した助動詞に気をつけて、傍線部を現代語訳しなさい。

1 主上《うへ》の御前《おまへ》の、柱に寄りかからせ給《たま》ひて、すこし眠《ねぶ》らせ給《たま》ふを、
天皇が、柱に寄りかかりなさって、すこしお眠りになるのを、

2 関白殿《くわんばくどの》、黒戸《くろど》より出《い》でさせ給ふとて、
関白殿が、黒戸からお出になるといって、

3 (皇子ガ)七つになり給へば、(天皇ハ)読書始《とくしよはじめ》などせさせたまひて、
(皇子が)七歳におなりになるので、(天皇は)読書始めなどをおさせになって、

4 一条院の、十一にて御元服《げんぷく》せしめたまひしに、
一条院が、十一歳で御元服をなさった時に、

5 (内大臣殿ハ)夜《よ》うちふくるほどに題出《い》だして、女房《にようばう》にも歌詠《よ》ませ給ふ。
(内大臣殿は)夜が更ける頃に題を出して、女房にも歌を詠ませなさる。

6 「勝たせじと思《おぼ》しけるらん」と上《うへ》も笑はせおはします。
「勝たせまいとお思いになったのであろう」と天皇もお笑いになる。

7 (道真ガ)鐘《かね》の声を聞こし召《め》して、作らしめたまへる詩ぞかし。
(道真が)鐘の音をお聞きになって、お作りになった漢詩だよ。

8 (源氏ノ君ガ)中将の帯をひき解きて脱《ぬ》がせたまへば、
(源氏の君が)中将の帯をほどいて脱がせなさると、〔脱がせなさるので、〕

9 二月《きさらぎ》の二十日《はつか》あまり、(帝ガ)南殿《なでん》の桜の宴《えん》せさせたまふ。
二月の二十日過ぎに、(帝が)南殿《なでん》の桜の宴をなさる。

10 黒戸《くろど》に殿上人《てんじやうびと》いと多く居《ゐ》たるを、上《うへ》の御前《おまへ》聞かせおはしまして、
黒戸に殿上人がとても大勢座っていたのを、天皇がお聞きになって、

(②解答は上記)

	①解答		解説
1	せ	尊敬	主語が「主上の御前」
2	させ	尊敬	主語が「関白殿」
3	させ	使役	主語は「帝」だが、「皇子」に始めさせている
4	しめ	尊敬	主語が「一条院」／「たまひし」の「し」は過去の助動詞
5	せ	使役	主語は「内大臣殿」だが「女房」に詠ませている
6	せ	尊敬	主語が「上」
7	しめ	尊敬	主語の「道真」は右大臣／「る」は完了・存続の助動詞
8	せ	使役	主語は「源氏の君」だが、「中将」の服を脱がせている
9	させ	尊敬	主語が「帝」
10	せ	尊敬	主語が「上の御前」

敬語8　二つの方向への敬意（謙譲＋尊敬）

▼① 傍線部ア・イについて、それぞれ誰に対する敬意を表しているか答えなさい。
② 敬語に気をつけて、波線部を現代語訳しなさい。

1 （カグヤ姫ハ）いみじく静かに、公《おほやけ》に御文《ふみ》奉りア　給ふイ。
（かぐや姫は）とても静かに、天皇にお手紙をさしあげなさる。

2 淑景舎《しげいさ》、春宮《とうぐう》に参りア　給ふイほどの事など、
淑景舎が、春宮に妃として参内なさる時の事など、

3 （源氏ノ君ハ）宮に御消息《せうそこ》聞こえア　たまふイ。
（源氏の君は）宮にご連絡を申し上げなさる。

4 （僧都ガ）世の中の事ども奏しア　たまふイついでに、
（僧都が）世の中の事などを天皇〔上皇・法皇〕に申し上げなさるついでに、

5 （入道殿ガ春宮《とうぐう》ニ）「さ思《おぼ》し召《め》すべきぞ」と啓しア　給ふイに、
（入道殿が春宮に）「そうお思いになるのがよいだろう」と春宮に申し上げなさる時に、

6 殿《との》、内にまゐりたまひて、大宮にも申さア　せたまひけれイば、
殿が、内裏に参上なさって、大宮にも申し上げなさったので、〔申し上げなさったところ、〕

7 （道兼ガ天皇ヲ）土御門《つちみかど》より東《ひんがし》ざまに率《ゐ》て出《い》だしまゐらせア　たまふイに、
（道兼が天皇を）土御門から東の方に連れてお出し申し上げなさる時に、

8 （大将ノ君ハ）秋の野も見たまひがてら、雲林院《うりんゐん》に詣でア　たまへりイ。
（大将の君は）秋の野原も見物なさりがてらに、雲林院に参詣なさった。

9 いづれの御時《おほんとき》にか、女御《にようご》・更衣《かうい》あまたさぶらひア　給ひけるイ中に、
どの天皇の御時代だったであろうか、女御や更衣が大勢お仕え申し上げなさった〔伺候なさった〕中に、

10 五六日過ぎて、中宮（宮中ヲ）まかでア　させたまふイ。
五六日が過ぎて、中宮は（宮中を）退出なさる。

（②解答は上記・右記）

	①解答		解説
	ア	イ	
1	天皇	かぐや姫	「奉り」は謙譲語なので、「誰に」さしあげるのかを考える
2	春宮	淑景舎	「参り」は謙譲語なので、「誰のところに」参内するのかを考える
3	宮	源氏の君	「聞こえ」は謙譲語なので、「誰に」ご連絡を申し上げるのかを考える
4	天皇	僧都	「奏す」は「天皇（上皇・法皇）に申し上げる」
5	春宮	入道殿	「啓す」は「中宮（皇后）・東宮（皇太子）に申し上げる」
6	大宮	殿	「申さ」は謙譲語なので、「誰に」申し上げるのかを考える
7	天皇	道兼	「まゐらせ」は謙譲語なので、「だれを」お出し申し上げるのかを考える
8	仏	大将の君	「詣で」は謙譲語なので、「どこに」参詣するのかを考える
9	天皇	女御・更衣	「さぶらひ」は謙譲語なので、「誰に」お仕え申し上げるのかを考える
10	天皇	中宮	「まかで」は謙譲語なので、「どこを」退出するのかを考える

敬語9 二種類の「給ふ」

▼① 傍線部に含まれる「給《たま》ふ」について、尊敬語か謙譲語かを答えなさい。
② 敬語に気をつけて、傍線部を現代語訳しなさい。

1 対面《たいめ》し給はむとて、
対面なさろうと思って、

2 いかで尋《たづ》ねむと思ひたまふるを、
なんとかして尋ねようと思いますのを、

3 十二にて元服《げんぷく》したまふ。
十二歳で元服なさる。

4 御ありさまを見給ふれば、
御様子を見ますと、（見ますので、）

5 桜の散り過ぎたる枝に付け給へり。
桜が散って盛りを過ぎた枝にお付けになった。

6 「さもや染《し》みつかむ」とあやふく思ひたまへり。
「そのように染みこむだろうか」と心配にお思いになっている。

7 賢《かしこ》き女の例をなむ見たまへし。
賢い女の例を見ました。

8 頭《とう》の君、まめやかに「おそし」と責めたまへば、
頭の君が、真剣に「遅い」とお責めになるので、

9 とかく聞きたまへど、御心も動かずぞありける。
あれこれお聞きになるけれども、御心も動かなかった。

10 「あるじの女《むすめ》多かり」と聞き給へて、
「主人の娘が大勢いる」と聞きまして、

（②解答は上記）

	①解答	解説
1	尊敬語	「給は」は四段活用の未然形
2	謙譲語	「たまふる」は下二段活用の連体形
3	尊敬語	「たまふ」は四段活用の終止形
4	謙譲語	「給ふれ」は下二段活用の已然形
5	尊敬語	完了・存続の助動詞「り」の上は、四段活用の已然形
6	尊敬語	完了・存続の助動詞「り」の上は、四段活用の已然形
7	謙譲語	文末の「し」は過去の助動詞「き」の連体形／過去の助動詞「き」の上は連用形
8	尊敬語	上の動詞が「見る・聞く・思ふ・知る」以外
9	尊敬語	接続助詞「ど」の上は已然形
10	謙譲語	接続助詞「て」の上は連用形

☆謙譲の「給ふ」を見つけるには、形や接続や上接語に注意しよう。

敬語10 二種類の「奉る」「参る」

▼①　傍線部に含まれる「奉る」「参る」について、尊敬語か謙譲語かを答えなさい。
②　敬語に気をつけて、傍線部を現代語訳しなさい。

1　「まかではべりぬる」とて御文《ふみ》奉る。
「退出しました」と書いてお手紙をさしあげる。

2　御装束《さうぞく》をもやつれたる狩《かり》の御衣《おんぞ》を奉り、
御装束も目立たない狩の御衣をお召しになり、

3　候《さぶら》ふ人々、みな手を分《わか》ちて求め奉れども、
お仕え申し上げる人々が、みな手分けして探し求め申し上げるけれども、

4　(源氏ノ君ガ) 御車に奉るほど、
(源氏の君が) 御車にお乗りになる時、

5　「壺《つぼ》なる御薬たてまつれ。御心地《ここち》悪《あ》しからむものぞ。」
「壺にあるお薬をお飲みください。〔お召し上がり下さい。〕御気分が悪いに違いない。」

6　二条の后《きさき》に忍《しの》びて参りけるを、
二条の后の所にこっそりと参上したのを、

7　人々、大御酒《おほみき》などまゐるほど、
殿上人たちが、お酒などを召し上がる時、

8　「なほ少し心を静めたまひて、御湯まゐり、物などをもきこしめせ。」
「やはり少し心をお静めになって、お薬湯をお飲みになり、食べ物などもお召し上がりください。」

9　殿上人《てんじやうびと》あまた御送りに参る中に見つけ給ひて、
殿上人が大勢お見送りに参上する中に見つけなさって、

10　初瀬《はつせ》に参りしに、水鳥のひまなくたち騒ぎしが、
長谷寺に参詣した時に、水鳥が絶え間なく騒いだのが、

(②解答は上記・右記)

	①解答	解　説
1	謙譲語	この「奉る」は本動詞で、「与ふ」の謙譲語
2	尊敬語	「御衣を」がヒント。この「奉り」は本動詞で、「着る」の尊敬語
3	謙譲語	「奉る」が補助動詞の時は、謙譲語
4	尊敬語	「御車に」がヒント。この「奉る」は本動詞で、「乗る」の尊敬語
5	尊敬語	「御薬」がヒント。この「たてまつれ」は本動詞で、「飲む・食ふ」の尊敬語
6	謙譲語	この「参り」は本動詞で、「行く」の謙譲語
7	尊敬語	「大御酒など」がヒント。この「まゐる」は本動詞で、「飲む」の尊敬語
8	尊敬語	「御湯」がヒント。この「まゐり」は本動詞で、「飲む」の尊敬語
9	謙譲語	この「参る」は本動詞で、「行く」の謙譲語
10	謙譲語	この「参る」は本動詞で、「行く」の謙譲語。行き先が寺の場合は、「参詣する」と訳すとよい

☆　「奉る」が尊敬語になるのは、主語が貴人等で、「着る・飲む・食う・乗る」に関係のある場面。
「参る」が尊敬語になるのは、主語が貴人等で「飲む・食う」に関係のある場面。
いずれも数が少ない。

第5章 識別

識別1 「ぬ」の識別

▼傍線部「ぬ」の文法的説明にあてはまるものを、後の選択肢から選びなさい。

1 こなたには火もともさぬに、
こちらでは灯火もつけない所に、

2 はやうにこの村を去りぬ。
はやくにこの村を去ってしまった。

3 今年の秋もいぬめり。
今年の秋も過ぎ去るようだ。

4 その声なむ若からぬ。
その声は若くない。

5 暮れはてつれば、参りぬ。
すっかり日が暮れたので、参上した。

6 風波やまぬ海に出《い》でて、
風と波が止まない海に出て、

7 病《やまひ》して死ぬとて詠《よ》みたりける歌。
病気で死ぬといって詠んだ歌。

8 かれこれ、知る知らぬ、送りす。
あの人もこの人も、知っている人も知らない人も、見送りをする。

9 来ぬ人待ちて、
来ない人を待って、

10 とかくしつつののしるうちに、夜ふけぬ。
あれこれしては騒ぐうちに、夜が更けてしまった。

ア ナ変動詞の活用語尾
イ 打消の助動詞
ウ 完了の助動詞

	解答	解説
1	イ	動詞「ともす」の未然形「ともさ」＋ぬ
2	ウ	動詞「去る」の連用形「去り」＋ぬ
3	ア	ナ変動詞「いぬ」の終止形の活用語尾
4	イ	形容詞「若し」の未然形「若から」＋ぬ
5	ウ	動詞「参る」の連用形「参り」＋ぬ
6	イ	動詞「やむ」の未然形「やま」＋ぬ
7	ア	ナ変動詞「死ぬ」の終止形の活用語尾
8	イ	動詞「知る」の未然形「知ら」＋ぬ
9	イ	動詞「来《く》」の未然形「来《こ》」だが、読み方がわからないので、「ぬ」が連体形であることから解く
10	ウ	動詞「ふく」の連用形「ふけ」だが、「ふく」が下二段活用なので、未然形か連用形かがわからないので、「ぬ」が終止形であることから解く

☆ 上が何形かわかるときはそれを目安にすればよいが、9や10のように上の活用形がわからない場合もある。その場合は、助動詞「ず」と助動詞「ぬ」の活用表を使うとわかる。「ぬ」が終止形のとき、その「ぬ」は完了の助動詞、「ぬ」が連体形のとき、その「ぬ」は打消の助動詞である。

※→問題冊子P11 変格活用
→問題冊子P33 助動詞「ず」
→問題冊子P34 助動詞「ぬ」

識別2　「なり」の識別

▼傍線部の文法的説明にあてはまるものを、後の選択肢から選びなさい。

1　男もすなる日記《にき》といふものを、
男もするとかいう日記というものを、
2　女もしてみむとてするなり。
女もしてみようと思ってするのである。
3　皇子《みこ》もいとあはれなる句を作りたまへるを、
皇子もたいそうしみじみとしている句をお作りになったので、
4　冬なれど、帷子《かたびら》をなむ着たりける。
冬であるけれども、帷子を着ていた。
5　御目の悩みさへ、このごろ重くならせ給《たま》ひて、
御目の病気までも、この頃重くおなりになって、
6　鶯《うぐひす》ぞ鳴きて往《い》ぬなる。
ウグイスが鳴いて飛び去るようだ。
7　つれづれと降り暮らして、しめやかなる宵《よひ》の雨に、
長々と降り続いて日が暮れて、しんみりとしている宵の雨に、
8　中将《ちゆうじやう》の声《こわ》づくるにぞあなる。
中将が改まった声を出すのであるようだ。
9　いづこにてか一人笛吹くなり。
どこでか一人で笛を吹くようだ。
10　新都《しんと》はいまだならず。
新都はまだできない。

ア　動詞
イ　伝聞・推定の助動詞
ウ　断定の助動詞
エ　形容動詞の活用語尾

	解答	解説
1	イ	動詞「す」の終止形「す」+なり／伝聞の用例
2	ウ	動詞「す」の連体形「する」+なり
3	エ	「あはれなり」は、重要な形容動詞
4	ウ	体言「冬」+なり
5	ア	動詞「成る」
6	イ	動詞「往《い》ぬ」の終止形「往《い》ぬ」+なり／推定の用例
7	エ	「〜らなり・〜かなり・〜げなり」の形で、物事の性質・状態を表している場合は、形容動詞
8	イ	「あなり」の形／推定の用例
9	イ	音声表現+なり／推定の用例
10	ア	動詞「成る」

☆　6・8・9のように音声・聴覚の表現を伴っている場合は伝聞・推定になることが多い。（6「鶯ぞ鳴きて」／8「声づくる」／9「笛吹く」）
　9は「吹く」が四段活用なので、終止形か連体形か判断できないので、この音声・聴覚の表現を手がかりにする。

☆　8の「あなる」の「あ」は、ラ変動詞「あり」の連体形「ある」だが、「ある」→「あん」（撥音便化）→「あ」（「ん」の無表記（書かないが発音する））と変化したものである。
　このような「ラ変型活用語の撥音便（の無表記形）+なり」の場合、「なり」は伝聞・推定である。代表的な形は「あ（ん）なり」「ざ（ん）なり」「な（ん）なり」。「ざ（ん）」は打消の助動詞、「な（ん）」は断定の助動詞。

☆　伝聞と推定の違い。伝聞は、他人や書物や伝承によって間接的に知った情報について「〜ダソウダ・〜ト聞イテイル・〜トカイウ話ダ」と訳す場合。推定は、周りの音声などから知った情報について「〜ヨウダ」と訳す場合である。

※→問題冊子P50 助動詞「なり」（伝聞・推定）
→問題冊子P51 助動詞「なり」（断定）

識別3 「なむ（なん）」の識別

▼傍線部「なむ」の文法的説明にあてはまるものを、後の選択肢から選びなさい。

1 髪《かみ》もいみじく長くなりなむ。
髪もきっととても長くなるだろう。

2 その人、かたちよりは心なむまさりたりける。
その人は、容貌よりは心が優れていた。

3 追風《おひかぜ》止まず吹かなむ。
追い風が止まずに吹いてほしい。

4 酒をくらひつれば、とくいなむ。
酒を飲んだので、はやく立ち去ろう。

5 橋を八つ渡《わた》せるによりてなむ、八橋《やつはし》と言ひける。
橋を八つ渡してあることによって、八橋と言った。

6 心ならずまかりなむ。
不本意ながら退出してしまおう。

7 いつしか梅咲かなむ。
はやく梅が咲いてほしい。

8 子《ね》の刻《こく》にはおはしまし着きなむ。
子の刻にはきっと到着なさるだろう。

9 夜《よ》の間《ま》の風もうしろめたくなむ。
夜の間の風も気がかりで。

10 祭とくせなむ。
祭をはやくしてほしい。

ア ナ変動詞の活用語尾＋「む」　イ 助動詞＋助動詞
ウ 係助詞　エ 終助詞

	解答	解説
1	イ	動詞「なる」の連用形「なり」＋なむ
2	ウ	体言「心」＋なむ
3	エ	動詞「吹く」の未然形「吹か」＋なむ
4	ア	ナ変動詞「いぬ」の未然形「いな」＋助動詞「む」
5	ウ	接続助詞「て」＋なむ
6	イ	動詞「まかる」の連用形「まかり」＋なむ
7	エ	動詞「咲く」の未然形「咲か」＋なむ
8	イ	動詞「着く」の連用形「着き」＋なむ
9	ウ	形容詞「うしろめたし」の連用形「うしろめたく」＋なむ
10	エ	動詞「す」の未然形「せ」＋なむ

☆ 9は「連用形＋なむ」だが、「～くなむ」の形。

※→問題冊子P11 変格活用
→問題冊子P22 係り結び
→問題冊子P34 助動詞「ぬ」
→問題冊子P77 終助詞「なむ」

識別4　「る」「れ」の識別

▼傍線部「る」「れ」の文法的説明にあてはまるものを、後の選択肢から選びなさい。

1　物は少し覚ゆれども、腰《こし》なむ動かれぬ。
ものは少しわかるけれども、腰を動かすことができない。

2　男をば、女に笑はれぬやうに、おほし立つべし。
男を、女に笑われないように、育て上げるのがよい。

3　筆を執《と》ればもの書かれ、楽器を取れば音《ね》を立てんと思ふ。
筆を手に取ると物を書かずにはいられず、楽器を手に取ると音を出そうと思う。

4　しつべき人もまじれれど、物をのみ食ひて夜ふけぬ。
返歌をきっと作れそうな人もまじっているけれども、物ばかりを食べて夜が更けてしまった。

5　この御事のみいとほしく嘆かる。
この事ばかり気の毒に嘆かずにはいられない。

6　滝口《たきぐち》にさへ笑はる。
滝口にまでも笑われる。

7　この男君達《きんだち》、みな宰相《さいしやう》ばかりまでぞなりたまへる。
この子弟たちは、みな宰相ほどにまで成りなさった。

8　いと心憂《う》き身なれば、死なむと思ふにも死なれず。
とてもつらい身なので、死のうと思うけれども死ぬこともできない。

9　大将、福原にこそ帰られけれ。
大将は、福原にお帰りになった。

10　海の上にただよへる山、いと大きにてあり。
海の上にただよっている山が、たいそう大きくてある。

ア　受身の助動詞　イ　可能の助動詞　ウ　自発の助動詞
エ　尊敬の助動詞　オ　完了・存続の助動詞

	解答	解説
1	イ	動詞「動く」の未然形「動か」＋れ／否定文中
2	ア	動詞「笑ふ」の未然形「笑は」＋れ／「女に」
3	ウ	動詞「書く」の未然形「書か」＋れ
4	オ	動詞「まじる」の已然形「まじれ」＋れ
5	ウ	動詞「嘆く」の未然形「嘆か」＋る／心情表現「嘆く」
6	ア	動詞「笑ふ」の未然形「笑は」＋る／「滝口に」
7	オ	動詞「たまふ」の已然形「たまへ」＋る／係助詞「ぞ」の結びで連体形になっている
8	イ	動詞「死ぬ」の未然形「死な」＋れ／否定文中
9	エ	動詞「帰る」の未然形「帰ら」＋れ／「大将」
10	オ	動詞「ただよふ」の已然形「ただよへ」＋る

☆　3は「書く」と共に用いられているが、「書く」が心情表現や知覚表現ではないと思って、エ（尊敬）などを選んだかもしれない。
一般的には、「心情表現」は「思ふ・思ひ出づ・思ひやる・泣く・笑ふ」などの気持ちを表す表現、「知覚表現」は「見る・聞く・知る」など感覚に関する表現を言う。

しかし、それだけで判断してはいけない。この文の前半は「筆を持つと自然と何かを書かずにはいられず」という意味で、助動詞「れ」は、とめられずあふれだす感情・表現せずにはいられない衝動を表している。自発が必ず心情表現・知覚表現を伴っているわけではないので、文意を考えて判断しよう。

※→問題冊子P38　助動詞「る」「らる」
→問題冊子P35　助動詞「り」

識別5 「に」の識別

▼傍線部「に」の文法的説明にあてはまるものを、後の選択肢から選びなさい。

1 人の与ふる恥にあらず。

人が与える恥ではない。

2 そのゆゑに、この名をつけにけり。

そのために、この名を付けた。

3 世のおぼえはなやかなる御方々にも劣らず。

世間の評判が高い御方々にも劣らない。

4 人の見るべきにもあらず。

人が見て良いものでもない。

5 春ごろ鞍馬《くらま》にこもりたり。

春頃、鞍馬に籠った。

6 月は山の端《は》にかかりにたり。

月は山の端にかかった。

7 月も入りぬるにや、あはれなる空をながめつつ、

月も入ってしまったのであろうか、しみじみとしている空を眺めては、

8 とかく直しけれども、終《つひ》に回らで、いたづらに立てりけり。

あれこれと直したけれども、とうとう回らないで、無駄に立っていた。

9 「逢坂《あふさか》」の歌は、返しもえせずなりにき。

「逢坂」の歌は、返歌もできなくなってしまった。

10 やがて去《い》にけり。

そのまま立ち去ってしまった。

ア ナ変動詞の活用語尾　　イ 形容動詞の活用語尾

ウ 完了の助動詞　　エ 断定の助動詞

オ 格助詞

	解答	解説
1	エ	体言「恥」+に+あり
2	ウ	動詞「つく」の連用形「つけ」+に+けり
3	オ	体言「御方々」+に
4	エ	助動詞「べし」の連体形「べき」+に+も（係助詞）+あり
5	オ	体言「鞍馬」+に
6	ウ	動詞「かかる」の連用形「かかり」+に+たり
7	エ	「にや」の後に、「あらむ」等が省略された形。（↓P22問題冊子 係り結び）
8	イ	形容動詞「いたづらなり」の連用形
9	ウ	動詞「なる」の連用形「なり」+に+き
10	ア	ナ変動詞「去ぬ」の連用形「去に」+けり

☆ 1・4・7の訳を見るとわかるように、断定の助動詞の場合は訳してみると必ず「〜で（ある・ない）」となっている。形だけで決めようとせずに文意も考えるようにしよう。

☆ 2・6・9のように、「に」が完了の助動詞になる例では「連用形+に+助動詞」の形になる。代表は「にけり・にき・にたり・にけむ」などの形である。

☆ 8の形容動詞がわからなかった人は、「あはれなり」「いたづらなり」「まめなり」などの重要語を20単語程度は覚えよう。また形容動詞の連用形は「〜らに・〜かに・〜げに」の形が多いので、形にも注意しつつ、その語が物事の性質や状態を表しているかを考えるとよい。慣れない間は、面倒がらずに辞書を引くのが一番である。

※↓問題冊子P11 変格活用　↓問題冊子P21 形容動詞
↓問題冊子P34 助動詞「ぬ」　↓問題冊子P51 助動詞「なり」（断定）

識別6 「らむ（らん）」の識別

▼傍線部「らむ」の文法的説明にあてはまるものを、後の選択肢から選びなさい。

1 傍《かた》への人、憎しと聞くらむかし。
そばにいる人が憎らしいと思って聞いているだろうよ。

2 轟《とどろき》の滝は、いかにかしがましく恐ろしからむ。
轟の滝は、どんなにかやかましく恐しいだろう。

3 たなばたつめに宿借らむ。
七夕の織姫に宿を借りよう。

4 生《い》けらむほどは、武《ぶ》に誇るべからず。
生きているような間は、勇猛さを誇ってはならない。

5 宵《よひ》も過ぎぬらむと思ふほどに、
宵も過ぎてしまっているだろうかと思う頃に、

6 ここなる物取り侍《はべ》らむ。
ここにあるものを取りましょう。

7 比叡《ひえ》の山を二十《はたち》ばかり重ねあげたらむほどして、
比叡山を二十ほど重ねあげているような高さで、

8 文《ふみ》しなければ、知らずやあるらむ。
手紙がないので、知らないでいるのだろうか。

9 つれづれにこもらせ給《たま》へらむ程、
所在なく籠りなさっているような間、

10 内々《うちうち》は心やましきことも多かるらむ。
内心は不満なことも多いだろう。

ア 助動詞「らむ」
イ 助動詞「り」の未然形＋助動詞「む」
ウ 動詞の一部＋助動詞「む」
エ 形容詞の一部＋助動詞「む」
オ 助動詞の一部＋助動詞「む」

	解答	解説
1	ア	上接語の末尾の母音がu音
2	エ	形容詞「恐ろし」の未然形（補助活用）「恐ろしから」＋む／「む」は推量の用例
3	ウ	動詞「借る」の未然形「借ら」＋む／「む」は意志の用例
4	イ	上接語の末尾の母音がe音／「む」は婉曲の用例
5	ア	上接語の末尾の母音がu音
6	ウ	動詞「侍り」の未然形「侍ら」＋む／「む」は意志の用例
7	オ	完了・存続の助動詞「たり」の未然形「たら」＋む／「む」は婉曲の用例
8	ア	上接語の末尾の母音がu音
9	イ	上接語の末尾の母音がe音／「む」は婉曲の用例
10	ア	上接語の末尾の母音がu音

☆　3の動詞「借る」は、古文では四段活用であり「ら・り・る・る・れ・れ」と活用する。

☆　4の動詞「生く」は、四段活用と上二段活用の両方があるが、おもに平安時代までは四段動詞として用いられた。ここでは四段活用の已然形（末尾が母音のe音）であるから、その下の「ら」が、完了・存続の助動詞「り」の活用したものであるとわかる。

☆　5の「ぬ」は完了（強意）の助動詞「ぬ」の終止形である。

☆　8では現在推量の助動詞「らむ」の上にラ変動詞がきている。助動詞「らむ」の上は、普通は終止形がくるが、ラ変型の場合は連体形がくる。難しく考えずに、「現在推量の『らむ』の上は、末尾が母音のu音」と覚えておけばよい。

☆　10の「多かる」は、形容詞「多し」の連体形（補助活用）である。形容詞の補助活用はラ変型活用なので、助動詞「らむ」の上が連体形になっている。

※→問題冊子P 20 形容詞　→問題冊子P 35 助動詞「り」
→問題冊子P 44 助動詞「らむ」

名作に親しむ⑬ 『奥《おく》の細道《ほそみち》』冒頭文

月日は百代《はくたい》の過客《くわかく》にして、行《ゆ》きかふ年《とし》も又旅人なり。舟の上に生涯をうかべ、馬の口とらえて老《おい》をむかふる[1]ものは、日々《ひび》旅にして旅を栖《すみか》とす。古人《こじん》も多く旅に死せる[2]あり。予《よ》もいづれの年よりか、片雲《へんうん》の風にさそはれ[3]て、漂泊《へうはく》の思ひやまず、海浜《かいひん》にさすらへ、去年《こぞ》の秋、江上《かうしやう》の破屋《はをく》に蜘蛛《くも》の古巣《ふるす》をはらひて、やや年も暮[4]れ、春立てる[5]霞《かすみ》の空に、白河の関《せき》こえんと、そぞろ神《がみ》のものにつきて心をくるはせ、道祖神《だうそじん》のまねきにあひて、取るもの手につかず。もも引《ひき》の破れをつづり、笠《かさ》の緒《を》付けかへて、三里《さんり》に灸《きう》すうる[6]より、松島の月まづ心にかかりて、住める[7]方《かた》は人に譲り、杉風《さんぷう》が別墅《べつしよ》に移るに、

月日は永遠の旅人であって、来ては去りゆく年もまた旅人である。船の上に生涯を浮かべ、馬の鼻先をつかんで老いを迎える（船頭や馬子《まご》のような）者は、日々の暮らしが旅であって旅を住み処としている。昔の先達も大勢旅に死んだ人がいる。私もいつの年からか、ちぎれ雲のように風に誘われて、漂泊へのあこがれが止まらず、海辺で放浪し、去年の秋、川岸の荒れ果てた我が家で蜘蛛の古巣を払って、やがて年も暮れ、立春を迎えている春霞《はるがすみ》の立ちこめた空に、東北の白河の関を越えようと、そぞろ神がものに取り憑《つ》いて私の心を狂わせ、（旅の神である）道祖神の招きにあって、取るものも手につかない。ももひきの破れをつづり、笠の緒を付け替えて、足の三里のつぼに灸をすえるともう、（東北の名所である）松島の月がまず心にかかって、住んでいる所は人に譲り、杉風の別邸に移る時に、

草の戸も住み替はる代《よ》ぞひなの家

粗末な我が家も住人が替わる時だなあ。（今度は華やかな）雛人形も飾られる家（となるだろうよ）。

面《おもて》八句《はっく》を庵《いほり》の柱に懸《か》け置く。
俳諧の表の八句を庵の柱に掛けておく。

問　傍線部1〜7の「る」「れ」の文法的説明として正しいものを選びなさい。ただし、同じ記号を何度用いてもよい。

ア　動詞の一部
イ　受身の助動詞
ウ　可能の助動詞
エ　自発の助動詞
オ　尊敬の助動詞
カ　完了・存続の助動詞

	解答	解説
1	ア	ハ行下二段動詞「むかふ」の連体形の一部
2	カ	サ変動詞「死す」の未然形に接続
3	イ	四段動詞「さそふ」の未然形に接続
4	ア	ラ行下二段動詞「暮る」の連用形の一部
5	カ	四段動詞「立つ」の已然形に接続
6	ア	ワ行下二段動詞「すう」の連体形の一部
7	カ	四段動詞「住む」の已然形に接続

☆　1・4・6などを間違えた人はいないだろうか。識別問題を考える時は、いつも用言・体言から考えていくようにしよう。（→問題冊子P96）

⑭20241213